KB093131

누구나 쉽게 사용할 수 있는

1

한 페이지
쓰기의 법칙

누구나 쉽게 사용할 수 있는
한 페이지 쓰기의 법칙

초판 1쇄 발행   2023년 9월 25일

지은이   최용규(잡빌더 로울)
발행인   곽철식
펴낸곳   ㈜ 다온북스

마케팅   박미애
디자인   박영정
인쇄와 제본   영신사

출판등록   2011년 8월 18일 제311-2011-44호
주소   서울시 마포구 토정로 222, 한국출판콘텐츠센터 313호
전화   02-332-4972   팩스   02-332-4872
전자우편   daonb@naver.com

ISBN   979-11-93035-15-3(13320)

— 누구나 쉽게 사용할 수 있는 —

1

한 페이지 쓰기의 법칙

최용규(잡빌더 로울) 지음

다온북스
DAON BOOKS

책 쓰기를 거듭하면서 중요한 하나의 사실을 깨달았습니다. 바로 책을 쓸 때 사용하는 '한 줄 쓰기', '한 페이지 쓰기' 기술이 책 쓰기뿐만 아니라 프레젠테이션이나 보고서 작성, 상담, 설득과 협상, SNS, 블로그 등 업무나 일상의 모든 상황에서 활용 가능한 방법이라는 사실이었습니다. 그래서 누구나 쉽게 사용할 수 있는 글쓰기 법칙을 정리했습니다. 글 쓰는 재주가 없는 당신도 바로 배워 써먹을 수 있습니다. 이것이 이 책의 핵심입니다.

글은 먼 우주에 사는 외계인이 내는 소리가 아닙니다. 우리가 평소에 재미나게 얘기하는 말들이 허공으로 사라지기 전에 문자로 기록하면 글이 됩니다. 다른 게 없습니다. 그게 제일 좋은 글입니다.

학자들은 자기들끼리만 쓰는 용어들이 있습니다. 이들이 쓰는 전문 용어들을 텍스트로 옮기면 논문이 됩니다. 일반 대중을 상대로 강연할 때는 쉬운 말로 쓰려고 노력합니다. 이것을 문자로 기록하면 강연문이 됩니다.

모든 게 마찬가지입니다. 일단 글의 기본은 말입니다. 입말이 기본입니다. 입말로 문장을 만들면 이게 글의 시작이고 기초입니다.

글쓰기가 어렵다고 생각하는 사람들은 지금부터 발상을 전환해봅시다. 글은 글이 아니라 '상품'입니다. 설계도 따라 만들어지는 상품입니다.

제조업이 됐든 금융업이 됐든 어떤 업체가 상품을 만들기 위해서는 거쳐야 할 단계가 있습니다. 첫 번째가 생산 계획입니다. 어떤 상품을 무슨 재료로 어느 방식으로 만들까를 먼저 정해야 생산에 돌입할 수 있습니다. 글도 마찬가지입니다.

왜 '글쓰기'가 아니고 '글 생산'이어야 할까요. 일기를 쓴다면 말이 달라지지만, 글은 대개 남에게 읽히기 위해 씁니다. 우리는 내 의견, 내가 알고 있는 새로운 메시지를 상대에게 전달하기 위해 글을 씁니다. 따라서 글은 독자가 읽어줄 때 글이 됩니다.

팔리지 않는 상품은 무가치합니다. 읽히지 않는 글은 무의미합니다. 그러므로 글을 독자들이 잘 읽을 수 있도록 설계해야 합니다.

우리는 항상 뭔가를 전달합니다. 자기가 주장하고 싶은 메시지가 늘 존재합니다. 세상이 평화로웠으면 좋겠고 싸움이 줄어들면 좋겠고, 질서를 지켰으면 좋겠고 내 사랑하는 마음을 연인이 알아줬으면 좋겠습니다.

이런 것들을 메시지라고 합니다. 모든 글이 지향하는 최종 목표는 바로 이 메시지 전달입니다. 하지만 함부로 메시지를 앞세우면 곤란합니다. 독자들이 관심 있는 부분은 메시지가 아니라 '팩트'이기 때문입니다. 다음처럼 팩트를 써서 메시지를 깨닫게 만드는 게 좋은 글입니다.

- 명강의로 소문난 훌륭한 강사입니다.
  → 지난 1년 동안 이 강사 수업을 거쳐 간 학생 100명 가운데 85명이 서울대에 합격했습니다.

어떤가요? 명강사라는 단어를 쓰지 않고도 명강사라는 사실이 간접적으로 증명됩니다.

이제 글에 대한 생각을 완전히 바꿉시다. 어려운 글은 씨알도 안 먹입니다. 믿기 힘든 사람도 있겠지만, 글은 무조건 쉬워야 합니다.

이 책에서 말하는 '한 줄 쓰기', '한 페이지 쓰기', '고쳐쓰기' 기술을 무조건 받아들이도록 합시다. 아니면 일단 그냥 외웁시다.

그리고 당부합니다. '아는 것'과 '활용하는 것'은 완전히 다른 의미입니다. 이 책에서 소개한 '한 줄 쓰기', '한 페이지 쓰기', '고쳐쓰기' 기술을 단순한 지식으로 끝내지 말고, 자신의 일상생활과 업무에 꼭 써먹길 바랍니다.

그럼 단 한 장으로 사람의 마음을 움직여 원하는 것을 얻는 방법을 배우는 즐겁고 설레는 여행을 같이 떠나 봅시다.

2023년 9월

목차

03 한 페이지 쓰기 비법

글쓰기가
어렵다는
고정관념 깨기

글쓰기 어렵다?

대중이 아니라 언중

가만히 생각해보면 이상하지 않나요. 하루에 친구나 직장동료와 나누는 대화만 해도 A4 용지 1장은 족히 넘을 텐데, 이 1장 쓰기가 왜 이렇게 힘들까요. 자주 가는 카페에 앉아 갓 구운 소금빵과 아메리카노 한 잔을 놓고 앉아 밖을 바라보며 새파란 하늘에 관해서만 써도 서너 줄은 나올 텐데 말이죠.

현실 세계를 사는 사람들을 우리는 대중(大衆)이라고 합니다. 글을 쓰는 사람들도 대중일까요? 지금부터 우리끼리 언중(言衆)이라고 부릅시다. 말씀 언(言), 무리 중(衆)입니다.

글을 써야 언중이 됩니다. 이 책을 읽고 있는 여러분도 글쓰기에 관심이 있는 사람, 언중입니다.

언중은 글을 쓰고 싶습니다. 아니, 잘 쓰고 싶습니다. 잘 써서 SNS도 하고 블로그도 하고, 나아가 책도 쓰고 싶습니다. 그런데, 생각만큼 글쓰기가 쉽지 않습니다. 어떤 누구는 글쓰기에 '자부심과 자신감을 가진다'는데, 도무지 글쓰기가 뭔지 모르겠습니다.

다시 말하지만, 이 책을 읽고 있는 당신은 적극적인 언중이 될 자격이 있습니다. 남이 쓴 글을 읽고 고개만 끄덕이는 수동적인 독자가 아니라 당당하게 언어 세계에서 적극적으로 권리를 주장하는, 글을 쓰는 언중입니다. 그런데 여전히 글쓰기는 어렵습니다. 말을 할 때는 거리낌이 없는데, 글을 쓰려고 책상에만 앉으면 겁부터 납니다. 이렇게 생각합니다.

"글쓰기는 말하기와는 다른 특별한 것이다. 더군다나 작문은 고난도 기술이 필요하고 말과 달리 빼어난 단어를 골라 사용해야 한다. 그러니 겁이 날 수밖에. 어휘력도 부족한데, 글을 써야 하다니, 이 얼마나 힘든 일인가."

또 이런 생각도 합니다.

'처음부터 끝까지 한 번에 쉽게 읽을 수 있는 글은 좋은 글이 아니다. 몇 번을 정독해야 비로소 뜻이 통해서, 내가 가진 지식과 지혜가 얼마나 깊고 넓은지 독자가 알게 되는 그런 글이 좋은 글이다. 그런데 이런 글을 쓸 수가 없으니 괴롭기만 하다. 자고로 미문이라면 공자 왈, 맹자 왈 정도는 몇 번 나와야 한다. 머릿속에 빼어난 구절이 없으니 인터넷을 뒤져서라도 남들이 인용한 과거 성현들 말씀을 다시 인용해 스스로 수준 높게 만들어야 한다.'

결론부터 말하자면 모두 잘못된 생각입니다. 글을 다시 생각해봅시다. 글은 글자로 옮긴 말일뿐입니다. 다시 말해서 말을 기록하면 글이 됩니다. 더도 덜도 아닌 기록된 말이 바로 글입니다.

어렵게 말하는 사람 → 매력 없다	두서없이 말하는 사람 → 듣기 싫다
어려운 글 → 지루하다	두서없는 글 → 재미없다

많이 쓰라는 조언

'노력은 배신하지 않는다'라고 합니다. 글을 쓰든 공부를 하든 목표가 있는 사람에게 노력이라는 두 글자는 누구도 거역할 수 없는 명령과도 같습니다. 글쓰기에서 노력은 '많이 써 보는 것'입니다.

고수는 초보자에게 '많이 쓰라'고 조언합니다. 그러나 이 말에는 보이지 않는 두 개의 문장이 있습니다. 이 보이지 않는 문장의 내용을 충족시키지 않으면 아무리 많이 써도 실력은 늘지 않습니다.

'(글을 마무리하라) 많이 써라. (잘 쓴 글과 비교하라)'

1. 글을 마무리하라.

글이란 결국 결론을 짓는 일이며, 독자에게 메시지를 전달하는 일입니다. 서론과 본론이 의미가 있으려면 결론이 존재해야 합니다. 따라서 결론이 없는 서론과 본론은 '아직 다 끝나지 않은 글'이 아니라 '아직 시

한 페이지 쓰기의 법칙

작도 하지 않은 글'입니다. 따라서 글을 많이 써보는 것이 배움의 원리가 되기 위해서는 하나의 글을 끝까지 마무리한다는 전제가 뒷받침돼야 합니다.

Q - 온전한 글을 마무리하는 글의 양이란, 어느 정도 분량을 말하는 건가요?

A - 정해진 규칙이 있는 건 아니지만, 이 책의 제목이 〈1페이지 쓰기 기술〉이니, 일단은 A4 용지 1장을 기준으로 연습해 봅시다. 여기서 중요한 것은 결론이 있느냐 없느냐입니다.

사실, 글을 많이 쓰라는 조언은 글의 형식에 대한 조언이기도 합니다. 꾸준히 많이 쓰다 보면 하나의 정형화된 형식(Form)이 자연스럽게 만들어집니다. 전문 작가들이 거침없이 글을 써 내려간다는 것은 바로 자신만의 Form(형식)이 완전히 정착되었다는 것을 의미합니다.

그들은 단지 주제와 소재, 글감이 부족할 뿐 일단 불꽃이 튀기 시작하면 거침없이 쭉 써 내려갑니다. 하지만 초보자는 주제, 소재, 글감이 있다고 해도 자신만의 Form(형식)이 없어 잘 쓰지 못합니다.

먼저 이 책에서 제시하는 한 줄 쓰기와 한 페이지 쓰기 기술부터 잘 익힙시다. 그리고 자기만의 글쓰기 Form(형식)을 만드는 데 가장 효과적인 훈련, 바로 결론을 포함하는 완전한 글을 많이 써봐야 합니다.

2. 잘 쓴 글과 비교하라.

글을 마무리했다고 만족하지 말고 비슷한 주제의 잘 쓴 글과 비교해 보면 좋습니다. 내 글을 읽은 직후에 다른 사람이 잘 쓴 글을 읽어보면 둘 사이에 존재하는 뚜렷한 차이를 발견할 수 있습니다. 글의 구성, 단어 선택 등에서 눈에 띄는 차이를 발견하게 됩니다.

이는 자기 주도적 학습과도 그 맥락이 닿아 있습니다. 자기 주도 학습의 가장 중요한 원칙 중의 하나는 바로 자율적 '자기 판단과 자기 평가'입니다. 교사가 채점해서 점수를 주는 방식이 아니라 학습자 스스로가 자신을 평가해야 합니다.

그런데 글쓰기에서 이러한 자기 평가를 적용하려면 반드시 객관적 평가 대상이 있어야 합니다. 비교 대상 없이 내가 내 글을 판단하다가는 자기모순에 빠질 수가 있으니 주의해야 합니다.

한 페이지 쓰기의 법칙

방해물이 되는 진정성

'진정성 있게 글을 써야 한다.'

마치 자녀에게 '공부는 못해도 괜찮으니 건강하게만 자라다오'라고 말해놓고 상황에 따라 다른 말을 하는 부모가 떠오릅니다. 자식의 형편 없는 성적표를 받아들고 '건강하니까 괜찮아'라고 말할 수 있는 부모가 과연 몇이나 될까요? 제가 보기에 '진정성'이란 말에는 현실을 모르는 순진함이 섞여 있습니다.

물론 진심이 담긴 글은 강한 힘을 발휘합니다. 그러나 항상 진심을 담아 글을 쓸 수는 없습니다. 또 진정성이 글의 모든 것이라는 주장에도 선뜻 동의하기 어렵습니다.

글 쓰는 사람에게 '진심을 담아 글을 써야 한다'라는 말은 절대적 명제입니다. 진심이 담기지 않은 글은 대중적 공감을 얻기 어렵다는 말은 누가 보더라도 상식입니다. 진심이 담긴 글은 마음을 위로하고 진실을 전한다고 믿기 때문입니다.

진심을 담은 글이 드문 만큼 진정성을 검증하고자 의심의 눈초리가 더 매서워지는 것도 사실입니다. 진정성은 글쓰기 '기본'에 해당하지만, 사람을 움직이게 만드는 마법의 도구는 아니라는 사실을 기억해야 합니다.

수익성이 완전히 배제된 SNS의 글쓰기, 자기 치유를 위한 글쓰기나 가족이나 친구에게 쓰는 글이라면 진정성은 분명 큰 힘을 발휘합니다. 또한, 국민을 상대로 말하는 대통령 연설도 진심을 담지 않고는 메시지가 힘차게 전달되지 않습니다. 그렇다고 모든 종류의 글에 똑같은 진심을 담아야 할까요? 또 그렇게 하겠다고 마음만 먹으면 가능한 걸까요?

대부분 글은 상업적 목적을 지니고 있습니다. 신문 기사, 논설, 일반 단행본은 모두 비즈니스라는 세계 안에서 써지며, 회사 내 보고서나 기획안 역시 상업적인 글쓰기의 결과물입니다.

글이 비즈니스 영역에 있는 한 '진실한 마음'을 앞세우는 진정성 있는 글만 쓰기는 힘든 것이 현실입니다. 안타깝게도 우리가 접하는 대부분 글은 비즈니스를 위한 것입니다.

게다가 무엇보다 진정성이란 단어는 글을 쓰는 이에게 심적 부담을 크게 줍니다. 본래 뜻에 비춰보자면, 진심을 담은 글은 진정성 있는 사

한 페이지 쓰기의 법칙

람만이 쓸 수 있습니다. 진정성과 거리가 먼 삶을 사는 사람이 글 쓰는 순간에만 진심을 담을 수는 없는 노릇입니다. 저만 하더라도 진정성은 무거운 짐 같았습니다. 소설가 버지니아 울프가 남긴 진정성에 대한 충고는 저 같은 사람을 충분히 기죽입니다. 그녀는 다음처럼 말합니다.

"진정성이란 단순히 일상생활에서 도덕적인 정직함과 엄격함을 실천하는 태도를 뜻하지 않는다. '이것이 진실이다'라고 말할 수 있는 내면의 확신을 따른 치열함, 그리고 총체적인 진실의 힘이 바로 진정성이다."

진정성을 지나치게 강조하면 이제 막 글쓰기에 입문한 사람들은 자신이 경험한 세계 안에 갇히기 쉽습니다. 자신의 진정성이 닿지 못한 주제에 대해 글을 쓴다는 것이 두렵기 때문입니다. 또 독자에게도 '글쓴이의 진솔한 마음'이라는 말은 감히 침범할 수 없는 성역이라는 잘못된 인상을 줍니다. 이렇게 되면 '진정성'은 글쓴이와 읽는 이 모두에게 방해물일 뿐입니다.

문학 VS 비즈니스 글쓰기

Q - 그럼 단도직입적으로 노력하면 글을 잘 쓸 수 있나요?

A - 먼저 짚고 넘어가야 할 것이 있습니다. 바로 글은 문학(소설, 시)과 비즈니스 글쓰기(상업적 글쓰기)의 두 가지 종류로 나눠진다는 것입니다. 우리가 일반적으로 생각하는 글쓰기는 문학을 말하는 것으로 문학은 노력해도 잘 쓰기 어렵습니다.

그러나 기획서, 보고서, 소개서 등은 비즈니스 글쓰기로 노력하면 잘 쓸 수 있습니다. 보고서, 기획서, 소개서 등을 잘 쓰기 위해서는 문학과 비즈니스 글쓰기의 차이를 명확히 이해하는 것이 먼저이며, 문학에 대한 오해부터 벗어버리는 것이 필요합니다.

문학으로 대표되는 소설은 묘사를 주로 하는 글쓰기이지만, 비즈니스 글쓰기는 주장(자신의 메시지 전달)을 주로 하는 글쓰기입니다. 즉 묘사

한 페이지 쓰기의 법칙

와 주장의 차이가 소설과 논술의 차이라고 할 수 있습니다. 문학은 창작을 요구하는 예술 세계에 속합니다. 달리 말하면 창작을 목적으로 하지 않는 글은 모두 상업적인 글입니다.

아무리 묘사가 뛰어나도 묘사는 묘사일 뿐 딱 부러지게 말하는 주장이랑은 다릅니다. 논술에 묘사는 필요 없습니다. 자신의 주장을 관철할 논리적인 근거가 필요할 뿐이죠.

묘사를 통해 인간의 감정이나 내면의 세계를 드러낼 수는 있지만, 근거를 바탕으로 자신의 주장을 내세우는 논술과 같은 상업적 글쓰기에는 전혀 도움이 되지 않습니다. 문학과 비즈니스 글쓰기를 비교하면 다음과 같습니다.

⊠문학과 비즈니스 글쓰기 비교⊠

문학	비즈니스 글쓰기
타고난 재능이 있어야 한다	노력하면 된다
소설, 시, 수필 등이 여기에 해당한다	보고서, 기획안, 칼럼, 프레젠테이션 등이 여기에 해당한다
상징이나 은유 등 수사법을 사용한다	상징이나 은유, 수식이나 꾸밈없이 직접 주장을 드러낸다
소설의 경우 묘사를 주로 한다	논술의 경우 자신의 주장을 주로 한다
묘사를 통해 인간의 감정이나 내면의 세계를 드러낸다	자신의 주장을 관철할 근거와 논리를 바탕으로 자신의 주장을 내세운다
창작을 목적으로 한다	상대에게 자신의 주장을 전달하기 위해 쓴다

매뉴얼이 없다	매뉴얼이 있다
문학을 아무리 잘해도 비즈니스 글쓰기는 못 할 수도 있다	비즈니스 글쓰기를 아무리 잘해도 문학은 못 쓸 수도 있다

인격보다는 능력

결론부터 말하자면 비즈니스 글쓰기는 실용적 도구이며, 살아가는 데 필요하므로 꼭 익혀야 합니다.

문학적 글쓰기는 인격 수양에 도움이 될지 모르지만, 실용적 글쓰기는 인격과는 별로 관련이 없습니다. 다시 말해 보고서나 기획서를 잘 쓰는 사람이 인격도 훌륭한 것은 아닙니다. 자신의 주장은 무엇이고, 그 주장을 어떻게 전달하느냐가 중요하기 때문입니다. 따라서 인격보다는 능력과 관련이 있습니다.

Q - 그래도 글을 열심히 쓰면 인격 수양에 도움이 되지 않나요?

A - 목수도 열심히 못질하면 인격 수양에 도움이 될 수 있고, 세상의 어떤 일이라도 열심히, 그리고 진심으로 하면 인격도야에 결정적인 도움이 될 수 있습니다.

글을 쓴다는 것은 목수가 생업으로 망치질을 하듯 하나의 기술입니다. 여기서 주의할 점은 조각가가 작품을 위해 톱질을 하는 것과 목수가 생계를 위해 톱질을 하는 것이 다르다는 것입니다. 조각가의 톱질이 문학이라면 목수의 톱질은 비즈니스 글쓰기입니다.

Q - 글은 반드시 서론, 본론, 결론의 형태로 써야 하나요?

A - 일반적으로 비즈니스 글쓰기를 잘하기 위해서는 신문이나 칼럼 형식으로 쓰라고 하는데, 칼럼의 형식은 '논증(주장+근거)'을 말합니다. 서론과 결론은 서비스 차원에서 두는 것일 뿐입니다. 서론과 본론, 결론이 확연하게 구분되는 글은 읽는 사람을 지치게 만들 수 있습니다.

칼럼은 논증의 형식을 따라야 합니다. 논증이란 자신의 주장인 결론과 주장을 뒷받침하는 근거로 구성됩니다. 정리하면 칼럼은 논증 형식으로 쓰는 것입니다. 따라서 서론, 본론, 결론의 형식을 따르지 않습니다.

조금 쉽게 말하자면 본론을 논증의 형식으로 쓰면 됩니다. 본론을 논증 형식으로 쓰라는 건, 본론은 근거와 결론이라는 형식을 갖춰야 한다는 말입니다. (3장에서 더 구체적으로 다룰 것입니다.)

다시 말하지만, 서론과 결론은 서비스 차원에서 두는 것뿐입니다. 없어도 지장이 없습니다. 하지만 읽는 사람에게 이 글이 무엇을 말하려는지 미리 알려주는 것이 서론이고, 글을 마치면서 무엇을 말했는지 정리해주는 것이 결론이라 할 수 있습니다. (이것은 단지 서비스지 글의 요체는 아닙니다.)

본론을 영어로 body라고 합니다. 일반적인 A4 1장 정도 칼럼은 분량이 적기 때문에 불필요한 서론과 결론을 둘 여유가 없습니다. 딱 할 말만 해야 하는 상황이므로 몸통만 쓰는 것입니다.

정리하면 비즈니스 글쓰기는 서론, 본론, 결론이라는 형식을 버리고 논증의 형식을 취해야 한다는 말입니다. 몸통인 본론을 어떻게 쓰느냐가 결국 비즈니스 글쓰기의 핵심입니다.

아니, 쉽다!

글 = 상품

Q - 이따금 학창 시절 배웠던 근의 공식이 '사는 데 무슨 도움이 될까?' 생각합니다. 마찬가지로 소설가나 시인이 될 것도 아닌데 글쓰기를 배워서 어디에 쓰나요?

A - 글쓰기를 배워야 하는 이유는 수학을 공부하는 이유와 같습니다. 실용성 측면으로만 봐서는 안 된다는 의미입니다. 수학은 추론과 검증, 일반화의 능력을 위해 필요합니다. 글쓰기는 지적 성장과 사회적 성공의 조건인 입학, 취업, 승진 어디든 같이하며 나를 세상에 알릴 수 있는 엄청난 기술입니다.

글쓰기 기술을 갖추지 않았다고 생존을 위협받지는 않습니다. 하지만 글을 쓴다는 행위에 담긴 수많은 괴로움과 선택의 과정은 당신의 가치를 한 단계, 어쩌면 본인도 알지 못했던 높은 단계로 끌고 갈 수도 있습니다.

　신언서판, 사람을 판단하는 네 가지 기준, 외모, 말, 글, 판단력입니다. 말과 글이 같은 위상으로 보일 수도 있지만 사실 둘은 동급이 아닙니다. 말을 잘 한다는 것은 칭찬과 비꼼, 두 가지 의미를 동시에 가지지만, 글을 잘 쓴다는 것은 칭찬의 의미밖에는 없습니다. 말보다 글이 한 수 위라는 소리입니다.

　결론부터 말하면 글은 무조건 쉬워야 합니다. 글은 필자가 주인이 아닙니다. 글은 독자가 주인입니다. 독자는 쉬운 글을 원합니다. 글에 대한 생각을 바꾸지 않으면 좋은 글을 쓸 수 없습니다. 저는 글을 다음과 같이 한 줄로 정의합니다.

독자를 위한 상품이 바로 글이다.

1. 글은 상품이다.

　화장품 공장에서는 화장품을 생산하고 가전 공장에서는 선풍기를 만듭니다. 필자는 글을 제작합니다. 글 역시 상품입니다. 상품은 판매를 위한 물건입니다. 독자라는 소비자가 선택하지 않으면 글은 팔리지 않습니다. 팔리지 않는 글은 상품이 아닙니다. 상품이 아닌 글은 글이 아닙니다.

2. 독자가 주인이다.

글은 생산자인 필자가 아니라 소비자인 독자를 만족시켜야 합니다. 자기 글을 두고두고 읽으면서 왜 이렇게 나는 글을 잘 쓸까 하고 나르시즘에 빠져봐야 소용없습니다.

답은 소비자가 쥐고 있습니다. 독자가 읽고 만족하지 않으면 그 글은 잘못된 글입니다. '만족'은 읽고 기분이 좋다는 말이 아니라 '글쓴이의 의도대로 움직인다'라는 말입니다.

좋은 글을 읽으면 독자는 분노하기도 하고 쾌감을 느끼기도 하고 슬픔을 느끼기도 하고, 지적 호기심을 충족했다는 만족을 느끼기도 합니다. 소비자를 만족시키는 상품과 좋은 글은 다음과 같은 공통점이 있습니다.

공통점	좋은 상품	좋은 글
쉽다	사용설명서를 굳이 읽지 않아도 사용할 수 있다.	단어도, 말하려는 주장도 이해하기 쉽다.
단순하다	디자인이 복잡하지 않다.	필요한 말만 적혀 있다. 문장은 수식어가 없는 단문이고 불필요한 문장도 없다.
독창적이다	기존 제품을 흉내 내지 않았다.	독자가 생각지 않은 독특한 관점이 있다.
사실이다	용도가 구체적이다.	팩트로 가득 차 있다.

한 페이지 쓰기의 법칙

글쓰기 기본 기술

무엇이든 기본기부터 차근차근 익히는 게 중요합니다. 글쓰기도 마찬가지입니다. 무작정 많이 읽고 많이 써 보면서 실력이 늘기를 바랄 것이 아니라, 몇 가지 기본 기술을 먼저 배우는 것이 중요합니다.

1. 구체적으로 표현하기

상황을 구체적으로 표현할 줄만 알아도 글쓰기 기술은 몰라보게 좋아집니다. 독자에게도 두루뭉술한 이야기보다 구체적인 이야기가 더 유용합니다. 구체적으로 표현할 줄 알면 글쓰기 기본 기술의 반은 터득한 것이나 다름없습니다. 다음 두 문장을 비교해봅시다.

• 밥을 먹었다.

  → 아침부터 삼겹살에 미나리 쌈을 싸 먹었다.

구체적으로 표현하다 보면 관찰력도 날카로워집니다. 관찰력이 날카로워지면 표현력은 더 좋아집니다. 관찰과 표현은 서로 돕기 때문입니다.

2. 감정을 나타내는 표현 쓰지 않기

슬프다, 즐겁다, 두렵다 등은 감정을 표현하는 단어로서, 자기감정 상태가 어떤지 상대에게 알리려고 씁니다. 그런데 자기가 느꼈던 기분을 상대와 공유하려면, 이런 단어를 쓰지 않고 표현하는 것이 훨씬 좋습니다. 다음 두 문장을 비교해봅시다.

• 오늘 나는 너무 슬프다.

  → 온종일 아무것도 먹지 못했다. 아니, 먹고 싶은 생각도 나지 않았다. 어제 그녀가 한 말, "우리, 그만 헤어져." 이 말만 자꾸 귓가를 맴돌 뿐이다.

어떤가요. 윗 문장은 '슬프다' 처럼 감정을 직접 표현한 구절이 있지만, 그 슬픔이 독자에게 전달되지 않고, 아래 문장에는 슬프다는 표현이 없지만, 글쓴이가 느꼈을 슬픔이 독자에게 잘 전달됩니다. 아래 문장에는 공유할 만한 정보가 있기 때문입니다.

3. 과정까지 표현하기

'공감'이란 자기 경험과 지식으로 대상이 느끼는 상황 또는 기분을 이해하려는 태도를 말합니다. 실연당한 사람을 보며 얼마나 슬플지 염려하며 안타까워하는 것은 자기한테도 비슷한 경험이 있기 때문입니다. 어떤 글을 읽을 때 자기가 아는 말이 나오면 더 재미있어하는 것도 공감의 일종입니다. 따라서 독자와 공감하려면 결과만 말하기보다 과정까지 구체적으로 또렷하게 보여주면 좋습니다. 다음 두 문장을 비교해봅시다.

결과만 표현한 문장	오늘 저녁의 노을은 참 아름다웠다.
과정까지 표현한 문장	오늘 저녁 한담해변에서 노을을 보는데, 하늘부터 붉은빛으로 색이 바뀌다가 바다까지 붉은빛으로 물드는 모습이 정말 장관이었다.

처음 문장처럼 '아름다웠다'라고 뭉뚱그려서 말하면 독자는 공감하기 어렵지만, 장면을 구체적으로 보여주면 독자는 글쓴이가 느꼈을 기분에 더 가까워질 수 있습니다. 그것이 더 세련된 표현법이죠.

독자가 공감하는 멋진 글을 쓰려면 글쓰기 기본 기술(구체적으로 표현하기 + 감정을 나타내는 표현 쓰지 않기 + 과정까지 표현하기)만 익혀도 충분합니다.

논증,
비즈니스 글쓰기
원칙

2023년 현재 저는 작가로 밥벌이를 하고 있습니다. 어느 틈에 글에 관한 저 나름대로 정립한 기법도 생기게 되었습니다. 그걸 여러분들과 나누려고 합니다.

수만 가지 콘텐츠가 자라나는 시작이 바로 '글'입니다. 글이 영화가 되고 드라마가 됩니다. 모든 콘텐츠의 뿌리는 글입니다. 그래서 누구나 글이 중요하다고 말합니다.

그런데 제도권 교육 어디에서도 글 쓰는 방법을 배우지 못했습니다. 이 글을 읽고 있는 당신, 초등학교 때 백일장은 나가봤을 당신, 국어 시간에 진지하게 작문하는 방법을 배운 기억이 있는가요, 글로 상장을 주는 대회만 열었지 수업시간에 누구도 가르쳐준 적이 없습니다.

제가 글을 쓴 경험에 따르면, 글쓰기 원칙은 장르와 상관없이 똑같습니다. 복잡한 원칙은 원칙이 아닙니다. 원칙은 간단해야 합니다. 몇 가지 원칙만 익히면 좋은 글을 쓸 수가 있습니다.

사람들이 글쓰기 자체를 두려워하기에 원칙을 적용하지 못할 뿐입니다. 지금부터 말하는 내용은 그 원칙을 깨닫게 해주는 것이 목적입니다.

비즈니스 글쓰기는 어렵지 않습니다. 몰라서 못 쓰지, 원칙을 알면 누구든 좋은 글을 쓸 수 있습니다.

글쓰기는 평생 우리를 따라다닙니다. 초등학교 때부터 고등학교까지 각종 독후감이 또는 감상문을 써야 하고 대학을 가기 위해 논술을 준비하고 합니다. 대학에 들어가면 학기마다 리포트를 제법 많이 써야만 하고 졸업한다고 해서 사정은 달라지지 않습니다. 입사 때에는 자기소개서를, 입사 후에는 각종 기획안이나 보고서를 잘 써야만 승진할 수가 있고 수시로 하는 프레젠테이션 때문에 머리가 아픕니다. 이런 식으로 평생 글쓰기는 우리를 따라 다니며 괴롭힙니다.

Q - 그런데 글쓰기는 어떻게 연습해야 하나요? 글쓰기에 관한 책은 많은데 사서 봐도 왜 도움이 되지 않나요?

A - 이런 질문을 한 번이라도 했다면 눈을 크게 뜨고 이 책, 〈한 페이지 쓰기의 법칙〉을 봅시다. 다시 말하지만, 글쓰기는 노력하면 잘 쓸 수 있기 때문입니다.

'논증'이라는 핵심 개념을 중심으로 우리에게 실무적으로 필요한 글쓰기 문제는 거의 다 해결할 수 있습니다. 글쓰기에 대해 훈련이 없는 사람이라도 따라만 해도 충분히 가능합니다.

소설이나 시 같은 문학을 쓰는 데는 왕도가 없지만, 논술이나 보고서와 같은 비즈니스 글쓰기는 대부분 사람이 꼼꼼히 들여다보고 연습하면 도달할 수 있는 길입니다.

글의 목적과 성격에 따라 글의 형식은 달라집니다. 감상문이나 수필처럼 감정을 전달하기에 적합한 글이 있는가 하면, 보고문처럼 객관적인 정보를 전달하기에 알맞은 글도 있고, 칼럼이나 논술처럼 주장을 펼쳐서 독자를 설득하는 게 목적인 글도 있습니다.

전달하려는 내용이 같더라도 글이 실리는 매체에 따라 표현방식을 조금 바꿔야 할 때도 있습니다. 비슷한 내용이라도 종이 매체에 싣느냐 아니면 인터넷 매체에 싣느냐에 따라 그 반응이나 결과가 달라질 수 있기 때문입니다.

그렇지만 글의 종류가 무엇이고 실리는 매체가 어디든 독자가 잘 이해할 수 있도록 배려한다는 표현의 기본 원칙은 바뀌지 않습니다.

스펙을 이기는 글쓰기

우연히 검색된 블로그에서 여행지 숙소만을 모아둔 기록을 보았습니다. 여행 기록은 흔히 'IN 파리', 'IN 다낭' 같은 카테고리를 만들어 그 안에 담아두는 것이 일반적인데, 이 블로그 운영자는 '체크인', '체크아웃'이라는 카테고리를 만들어 그동안 머물렀던 여행지의 숙소들만을 기록해두고 있었습니다.

303, 502 같은 방 호수가 적힌 문, 벽에 걸린 액자, 빈티지한 소품들, 숙소에서 보이는 풍경…, 그런 것들이 나라마다 너무나 달랐습니다. 정말 멋진 기록에 감탄했습니다.

이 블로그 운영자는 훗날 기록을 들춰볼 때마다 그때 그 시간, 그 방으로 잠시 떠났다 돌아오는 기분이 들 것입니다.

클릭 한 번이면 세상의 모든 정보와 지식을 찾을 수 있는 시대지만, 정작 내 생각은 한 줄도 쓰기 어려워진 시대입니다. 하지만, 글의 힘은 점점 더 강해지고 있습니다. 메신저가 음성 통화보다 더 편할 때가 많고 광장에서 연설보다 온라인에 올린 글 하나가 진실을 드러내고 심지어 법을 바꾸기도 합니다.

이제 당신의 가치를 높이고 싶다면 글을 쓰는 능력에 주목해야 합니다. 컬럼이나 에세이 게재는 출간으로 이어지거나 강연의 기회를 불러오기도 하는 등 자신도 몰랐던 잠재력을 발견하거나 새로운 진로 모색의 장이 되기도 합니다.

시간의 흐름에 따라 보면 글의 위력은 더욱 대단합니다. 10대 때는 대학 논술, 20대는 취업을 위한 자기소개서, 30대 이후로는 직장에서 일상적으로 써야 하는 보고서와 기획안까지, 글은 우리 인생의 중요 지점 곳곳에 버티고 서있습니다.

자신의 주장을 상대에게 뚜렷이 전달하고 이해시키고 움직이게 만드는 힘, 필력은 이제 스펙보다 중요합니다.

사람들은 원래 이야기의 80%를 듣지 않으며, 그 의미를 제대로 이해하지도 못한다고 합니다. 그렇다면 그 사실을 처음부터 고려하고 상대의 머릿속에 메시지를 조금이라도 남겨서 상대를 움직이게 하려면 어떻게 해야 할지에 집중해야 합니다. 그래서 필요한 것이 바로 '한 페이지 쓰기 기술'입니다. 이것이 핵심입니다.

"한 장으로 정리되지 않는 메시지는 수십 장을 늘어놓아도 전달되지 않는다."

이것은 뒤집어 보면 '어떤 메시지든 한 장으로 전달할 수 있다'라는 말도 됩니다. 다섯 장 분량 이야기든, 열 장 분량 이야기든, 무조건 한 장으로 마무리할 수 있도록 이야기를 만들어 봅시다. 그러면 스펙을 이기는 필력이 만들어집니다.

Q - 한 장 쓰기 기술에는 어떤 특별한 법칙이 있나요?

A - 3장에서 더 자세히 말하겠지만, 다음과 같습니다.

결론 → 근거 → 사례

'한 페이지 쓰기의 법칙'을 간단하게 표시하면 위와 같습니다. 결론을 한 문장으로 정리하고, 두 번째 근거는 세 가지 정도가 적합합니다. 마지막 근거별 사례는 하나 또는 둘이 좋습니다.

이 구조를 제대로 만들면 다른 사람보다 훨씬 설득력 있게 전달할 수 있습니다. 참고로 결론부터 정해놓지 않아도 됩니다. 사례를 모아 역순으로 결론을 도출해도 상관없습니다.

여기서 팁 하나, 구조를 완성했으면 꼭 소리 내어 읽어보고 의미가 통하는지 확인하는 것이 중요합니다. 만약 의미가 통하지 않으면 즉시 고쳐야 합니다. 한 번에 구조를 완성하는 것은 힘듭니다. 이렇게 수정할 일은 꼭 생깁니다. 따라서 수정을 전제로 구조를 만들면 가볍게 시작할 수 있습니다.

잘 읽히는 글이
좋은 글

짧은 문장이 좋습니다. 문장을 짧게 쓰는 습관을 들이면 좋습니다. 문장 하나하나가 짧으면 그 전체 글에 리듬이 자동으로 생겨 술술 읽히기 때문입니다. '무조건 짧게 써라'라는 말이 아니라 '짧은 문장이 더 잘 읽힌다'라는 말로 이해해야 합니다.

레고를 봅시다. 레고는 단위가 작습니다. 그러니까 쌓아서 집도, 자동차도 만들 수 있고 원하는 걸 쉽게 만들 수 있습니다.

글도 마찬가지입니다. 레고처럼 잘라서 써먹을 수 있는 요소들이 많으면 좋습니다. 그래야 이 문장을 '이때는 이걸, 저 때는 저걸 붙여볼까' 하고 많이 궁리할 수 있습니다.

Q - 단문 쓰기가 쉽지 않습니다. 머릿속에 할 말이 많은데 어떻게 하면 좋을까요?

A - 글쓰기 훈련을 반복적으로 한 사람은 초고 단계부터 바로 단문이 가능합니다. 하지만 글쓴 지가 얼마 되지 않았다면, 초고는 쓰고 싶은 대로 쓰고 나중에 고칠 때 단문으로 바꿔도 상관없습니다. 다음 두 가지를 의식해 글을 쓰면 좋습니다.

1. 수식어를 쓰지 말자.

필요할 때만 수식어를 씁니다. '매우' '정말' '굉장히' 이런 수식어가 오히려 읽는 맛을 망칩니다.

2. 쉼표를 마침표로 바꾸자.

쉼표 혹은 접속어미(~고/~며 등)로 나뉘는 부분이 많으면 문장이 길어집니다. 의도적으로 여러 가지 사실을 나열한 문장이 아니라면 이들 접속어미와 쉼표 부분을 '~다'로 바꾸고 마침표를 찍어봅시다. 고친 후 다시 소리 내서 읽으면 뜻밖에도 늘어져 있던 문장에 리듬감이 살아납니다.

- 새로 산 휴대폰은 가볍고, 사용법도 쉬웠고, 크지도 않아 좋았다.
  → 새로 산 휴대폰은 가벼웠다. 사용법도 쉬웠다. 크지도 않아 좋았다.

전체 글자 수는 늘었습니다. 하지만 읽는 속도감은 더 빨라졌습니다. 잘 읽힙니다. 좋은 글입니다.

글을 한 문장으로 정의하면 '잘 읽히는 문장으로 메시지를 전달하는 수단'입니다. 리듬감 있는 문장으로 메시지를 전달하는 가장 기초적인 원칙은 입말입니다. 입말을 벗어난 단어와 논리는 자연스럽지 않습니다

Q - '하였다'와 '했다', 둘 중 어떤 걸 써야 할지 항상 헷갈려요.

A - 우리가 말을 할 때는 '했다'라고 합니다. 그런데 글을 쓸 때는 꼬박꼬박 '하였다'라고 씁니다. 어느 게 틀리고 옳고 문제가 아닙니다. 리듬에 맞춰 선택할 문제입니다.

'됐다'를 고집할 이유도 '되었다'를 고집할 이유도 없습니다. 읽을 때 더 맞는 표현을 고르면 됩니다. 하지만 우리 주변에 '하였다' '되었다'라고 말하는 사람이 있나요? 글을 쓰는 기준을 구어(口語)로 간주한다고 한다면 그런 기준에서는 '했다' '됐다'가 더 맞습니다. 다만 소리 내서 읽었을 때 '하였다'가 더 리듬감이 있다면 그때는 '하였다', 라고 적으면 됩니다.

소리 내어 읽어보기

마지막 문장에 마침표를 찍으면서 진짜 글쓰기가 시작됩니다.

여기서 팁 하나는 글을 쓰고 1시간 있다가 다시 읽어봅시다. 금방 읽지 말고, 이때까지 쓴 글을 잠시 던져두고, 커피를 마시든, 잠깐 침대에 누워 있든, 친구와 수다를 떨든 최소한 1시간 정도 있다가 다시 글을 읽어봅시다.

갑자기 글이 보이기 시작합니다. '보이지 않던 글이' 보이기 시작합니다. 어느 정도 자기가 쓴 글이 객관화되면서 안 보이던 게 보이고 없었던 것이 다시 생각나기 시작합니다. (금방 다시 읽으면 절대 보이지 않습니다. 최소 1시간 정도 시차를 둬야 합니다.)

주의할 점은 다시 읽을 때는 반드시 '(작은 소리라도) 소리 내서' 읽어야 합니다. 리듬을 알기 위해서 입니다. 큰 소리를 낼 필요는 없습니다. 막히지 않고 술술 읽히면, 그 글에 리듬이 있다는 말입니다. 그런데 읽

한 페이지 쓰기의 법칙

다가 멈춘다거나 앞으로 돌아가서 다시 읽게 된다면 독서 리듬이 깨졌다는 뜻입니다. 한 번에 읽히지 않는 이유를 분석해봐야 합니다. 쓴 글을 수정해야 합니다.

앞장에서 말한 대로 먼저 수식어를 없애봅시다. 문장이 길거나 중간에 쉼표를 발견하면 그 문장 속 쉼표를 마침표로 바꿔봅시다. 수식어를 없애거나 짧은 글로 바꾸거나 이 두 가지입니다.

Q – 그런데도 글이 재미가 없으면 어떡해야 하나요?

A – 글을 전부 허물어야 합니다. 재미가 없다면 문장 하나하나를 고치는 게 아니라 전체 문단 배치를 다시 생각해야 합니다.

다시 강조하지만, 글이 재미있으려면 말하듯 쓰면 됩니다. 글은 문자로 옮긴 말입니다. '글은 글이고 말은 말이다'라고 다르게 생각하면 글쓰기가 어려워집니다.

친구와 술자리에서 술을 마시면서, 전화 수다를 떨면서, 아니면 웃고 떠들면서 한 이야기를 그대로 문자로 옮기면 글이 됩니다.

'말'이 가진 특징은 명확합니다. 다음과 같습니다.

복잡하게 말하지 않는다	가끔은 문법적으로 어긋나더라도 우리는 구성을 잘해서 쉬운 말로 이야기합니다.
주인은 독자다	생산자 측면에서 보는 상품과 소비자 측면에서 보는 상품은 다릅니다. 생산자 측면에서 쉽게 만든 제품 중에는 소비자가 쓰기 어려운 제품이 많습니다. 글 또한 자기가 쓸 때 독자 편에서 쓰지 않으면 어려워집니다. 리듬은 글을 쓸 때가 아니라 읽을 때 느껴집니다. 독자들이 읽을 때 리듬이 있을까를 항상 염두에 둬야 합니다.
말은 짧을수록 좋다	다시 강조하지만 짧은 글쓰기에 제일 불필요한 요소는 수식어입니다. 뺄 수 있다면 전부 빼버립시다.
글은 단정적으로 쓴다	자신이 없으면 두 가지 일이 발생합니다. 먼저 글이 길어집니다. 단언적으로 쓰기보다는 묘사를 하게 되고 수식을 하게 됩니다. (우리가 말을 할 때도 자신이 없으면 상대방 눈치를 보면서 얘기를 합니다. 자연히 말도 주절주절 길어집니다.) 또 '나는'이라는 말이 많아집니다. 보편적인 사실이 아니라, '나는 그렇게 생각한다, 최소한 나는 그렇게 생각한다, 너 왜 안 그러니', 라고 쓰게 됩니다. 글에 자신이 있으려면 팩트에 대한 확신이 있어야 합니다.

한 줄 쓰기
비법

임팩트 있는 한 줄부터 써보자

단점을 장점으로
바꾸는 한 줄

Q - 취준생입니다. 저를 어떻게 소개해야 좋을지 모르겠습니다. 성적도 뛰어나지 않았고, 동아리 내에서도 전혀 눈에 띄는 존재도 아니었습니다. 억지로 내세울 거리를 찾아보자면, 아무에게도 미움받지 않고 대부분 사람과 스스럼없이 대화를 나눴다는 겁니다.

A - 이 사실을 있는 그대로 자기소개서에 적어서는 경쟁자들과 차별화할 수 없습니다. (그렇다고 허위 사실을 적는 것은 금물입니다.)
이럴 때 필요한 것이 '관점 바꾸기 기술'입니다. 언뜻 단점처럼 보이는 요소를 관점을 바꿔 거짓말을 하지 않고 장점으로 보이도록 하는 기법입니다.

Q - 그럼 어떤 식으로 표현해야 단점을 장점으로 바꿀 수 있나요?

A - 두드러지지 않으면서 미움받지 않는다는 것은 누구에게도 피해를 주지 않은 사람이라고 할 수 있습니다. 학창시절 동아리 생활을 하다 보면 의견 대립이나 인간관계 등 다양한 문제가 발생하는데, 어떤 갈등이나 문제에도 연루되지 않았다는 것은 동아리 생활을 원만하게 운영하는 데 협조했다고 생각할 수 있죠. 다음과 같이 자기소개를 해보면 어떨까요?

"저의 강점은 어떤 사람과도 원만히 지낼 수 있다는 것입니다. 대학 시절 동아리 생활 중, 딱히 리더는 아니었지만, 선후배들과 친하게 지내려고 노력했습니다. 어쩌다 의견 대립이 발생하기도 했지만, 제가 이야기를 잘 들어줘 분쟁을 사전에 방지한 적도 있습니다. 이른바 '숨은 중재인'의 역할을 했다고 자부합니다."

밑줄 친 부분이 임팩트 있는 한 줄입니다. 언뜻 단점처럼 보이는 것도 관점을 바꾸면 이렇게 장점으로 보일 수 있습니다. SNS 글쓰기에서도 자주 사용하는 기술입니다. 한적한 마을의 '작은 음식점'을 소개한다고 해봅시다. 솔직히 말하면 장점은 보이지 않고 단점만 가득한 가게입니다. 이 상황을 어떻게 하면 좋을까요? 관점 바꾸기 기술을 사용해 써 봅시다.

- 음식점 실내가 매우 좁은데, 이유는 매출이 적어서 큰 점포를 임대할 수 없어서다.

한 페이지 쓰기의 법칙

→ 이것을 SNS에는 '아담한 공간, 가정적인 음식점이다'라고 쓴다.

• 나이 든 사장님의 부인이 주방에서 일하는데, 그 이유는 주방장을 고용할 여력이 없기 때문이다.

→ 이것을 SNS에는 '어머님이 차려주는 손맛!'이라고 쓴다.

• 광고는 꿈도 못 꾸고, 제대로 된 간판조차 만들 여력이 없다. 눈에 잘 띄지도 않는다.

→ 이것을 SNS에는 '나만 알고 싶은 숨겨진 은신처다'라고 쓴다.

• 손님이 없어서 썰렁하다.

→ 이것을 SNS에는 '조용한 분위기의 음식점이다'라고 쓴다.

이렇게 '관점 바꾸기 기술'로 거짓말을 하지 않고도 정보를 긍정적으로 전달할 수 있습니다. 이런 표현을 들었을 때 불쾌하게 느껴지나요? 그렇지 않을 것입니다. 바로 이게 핵심입니다.

상대의 흥미를
끌게 만드는 한 줄

　무슨 메시지를 전달하고 싶은지, 대화를 통해서 무엇을 공유하고 싶은지 그 핵심을 꿰뚫고 있어야 합니다. 높은 경지에 이른 사람은 오히려 단순합니다. 그러나 단순하다고 위대해지는 않습니다. 단순하다는 이야기는 사고가 단순하다는 의미가 아닙니다. 단순함은 치열함의 결과이고, 복잡함은 나태함의 산물입니다. 단순함에 이르기 위해서는 핵심만 남기고 나머지는 모두 버려야 합니다.

　이런 촌철살인의 메시지로 사람들을 사로잡기 위해서는 연습이 필요합니다. 복잡한 생각을 간단명료하게 전달하는 방법도 습득해야 합니다. 누구나 흥미를 돋우거나 재미를 유발하는 글과 말에 끌립니다. 재미없는 말이나 글은 아예 듣거나 보려고 하지 않습니다.

　사람의 뇌는 한정된 시간에 선택적으로 지각되는 정보에만 관심을 기울입니다. 긴 시간 아무리 열심히 이야기해도 뇌는 자신에게 의미심

　　　　　　　　　　　　　　한 페이지 쓰기의 법칙

장한 메시지로 다가오는 대화만 포착해서 기억하려고 합니다. 뇌는 결정적인 한 방을 기억합니다. 그래서 '한 줄 쓰기 기술'을 익히는 것이 매우 중요합니다.

블로그에 글을 쓸 때, 혹은 분위기가 살벌한 화상회의에서 발언할 때는 상대방이 받아들일 준비가 되어 있도록 만들어 놓으면 좋습니다. '이 글은 꼭 읽어보고 싶어'라는 마음이 들게 만들어 놓은 다음 본론으로 들어가는 것입니다. 가족이나 친구에게 조금 어려운 부탁을 할 때도 사용하면 효과적입니다. 본론에 들어가기 전 상대가 이야기에 흥미를 갖도록 '분위기를 만들어 놓는다'라고 할 수 있습니다.

Q - 어떤 식으로 분위기를 만드나요?

A - 덧붙이기 기술, 한 줄을 살짝 덧붙이기만 해도 상대의 흥미를 끌 수 있습니다.

여기서 말하는 한 줄은 '지금 이런 상황에서 이런 심각한 문제가 있다'라는 것을 알기 쉽게 명시하는 것입니다. 그 자리에 있는 사람이 처한 현재 상황을 설명함으로써 전하고자 하는 메시지를 돋보이게 만듭니다. 한 줄을 덧붙인 문장과 그렇지 않은 문장을 비교해보면 한 줄의 중요성을 실감할 수 있습니다. 다음 문장을 비교해 봅시다.

- 일상생활의 불필요한 지출을 한눈에 파악 가능한 앱이 인기!

  → <u>경기 불황으로 월급이 줄어 살림살이가 어려워진 지금,</u> 일상생활의 불필요한 지출을 한눈에 파악 가능한 앱이 인기!

메인 문구는 같지만, 첫 줄을 추가하는 순간 몇 배 더 흥미를 끄는 문장이 되었습니다. 온라인 쇼핑 상세페이지 쓰기에서도 다음처럼 이 기술을 써먹을 수 있습니다.

- 피부에 촉촉한 수분을 채워주는 보습 크림!

  → <u>피부 건조가 신경 쓰이는 환절기,</u> 피부에 촉촉한 수분을 채워주는 보습 크림!

이렇게 메시지를 말하기 전에 흥미를 끄는 한 줄을 추가하는 것만으로도 커다란 효과를 만들 수 있습니다.

숫자를 이용한 한 줄

소설을 읽고 있으면 이야기 속의 경치가 자연스럽게 머릿속에 그려집니다. 이런 일이 어떻게 가능할까요? 그 이유는 풍경이나 분위기 등을 생생하게 상상할 수 있을 정도로 묘사를 구체적으로 했기 때문입니다. 이를 통해 독자는 머릿속에서 저자가 그린 가상의 세계를 그릴 수 있고, 그 안에서 슬퍼하기도 하고 기뻐하기도 하는 등 작가의 의도대로 감정을 조종당합니다. 그러나 일반인들은 그런 전문적인 기술을 구사할 수 없습니다.

Q - 소설가처럼 무엇인가를 생생하게 상상할 수 있을 정도로 묘사하는 능력이 없는 저 같은 사람들에게 좋은 기술은 없나요?

A - 숫자 활용하기 기술, 구체적인 숫자를 제시하면 특별한 기술 없이도 상대에게 배경을 상상하도록 만들 수 있습니다. 다음 문장을 비교해 봅시다.

• 명강의로 소문난 훌륭한 강사입니다.

→ 지난 1년 동안 이 강사 수업을 거쳐 간 학생 100명 가운데 85명이 서울대에 합격했습니다.

어떤가요? 명강사라는 단어를 쓰지 않고도 명강사라는 사실이 간접적으로 증명됩니다. 이때 숫자를 집어넣느냐 넣지 않느냐에 따라 전달력은 크게 달라집니다.

두 문장 모두 명강사라는 사실을 말하고 있습니다. 100명 가운데 85명이 서울대에 합격했다는 사실은 팩트입니다. 이렇게 명확한 숫자를 제시하면 새롭게 인식하게 되어 상대는 머릿속에서 문제의 윤곽을 뚜렷하게 그릴 수 있습니다.

독자가 스스로 예측 가능한 기대 효과는 숫자로 나타내는 것이 가장 이상적입니다. 밤을 새워서 만든 기획서는 어떻게 보면 글쓴이의 생각일 뿐입니다. 그러므로 정량화된 기대효과를 보여줘야 합니다. 숫자로 나타내야 하는 이유입니다.

상대의 머릿속에 예측 가능한 숫자로 그림을 그려줍시다. 이때 주의할 점이 하나 있습니다. 여기서 나타내는 숫자 역시 상대를 위한 숫자이어야 한다는 것입니다. 다음 두 문장을 비교해 봅시다.

- 이 기기의 저장 용량은 5GB입니다.

  → 무려 1,000곡의 노래가 당신 주머니로 쏙

저의 첫 책은 〈2시간에 끝나는 부가가치세 셀프신고〉 입니다. 〈두 시간에 끝나는 부가가치세 셀프신고〉라고 해도 의미는 똑같습니다.

눈치가 빠른 당신, 벌써 눈치를 챘나요? 숫자는 꼭 '아라비아 숫자'로 표기해야 더 눈에 띕니다.

이제 정리해봅시다. 숫자의 힘을 이용해서 상대방이 머릿속을 정리하고 쉽게 이해할 수 있도록 만든 다음, 제안하고자 하는 내용을 말하면 당신이 원하는 바를 쉽게 이룰 수 있습니다.

유익한 한 줄

독자가 읽었을 때 유익한 글이 좋은 글입니다. 그렇다면 유익한 글은 어떤 글을 말하는 걸까요? 바로 독자가 올바르게 판단하도록 도와주는 글입니다.

똑같은 내용을 다루었으나 정보를 다루는 태도는 전혀 다른 두 신문 기사가 있습니다. 이 둘을 비교해 봅시다.

일찌감치 조별리그 탈락이 확정된 카타르는 마지막 경기에서도 무기력한 모습으로 무너지며 3전 전패로 대회를 마무리했습니다. 카타르는 에콰도르와 개막전에서 0-2로 완패했고, 세네갈과 2차전에선 1-3으로 무릎을 꿇었습니다.

1. 역대 월드컵에서 개최국이 승점을 올리지 못한 경우는 거의 없다.

2. 역대 월드컵에서 개최국이 승점을 올리지 못한 건 2022년 카타르 대회가 처음이다.

밑줄 친 부분을 유념해서 살펴보면 1번 기사의 작성자가 막연한 추측에 의존해 글을 쓴 반면, 2번 기사의 작성자는 지난 월드컵 경기에서 개최국이 승점을 올리지 못한 경우가 있는지 예전 자료를 충분히 검토한 다음 글을 썼습니다. 이렇게 섣부르게 추측하지 않고, 철저히 조사하고 검증한 다음 쓰려고 노력한 글이 유익한 글입니다.

Q - SNS에서는 어떻게 쓰면 좋을까요?

A - 멀티미디어 자료를 함께 보여 줄 수 있다는 것은 종이 매체나 다른 아날로그 도구가 넘기 힘든 온라인 매체의 커다란 장점이니 적극적으로 활용하면 좋습니다.

그런데 글 중간중간 마치 액세서리처럼 의미 없는 그림이나 이미지를 끼워 넣는 것은 좋은 표현 방식이 아닙니다. 그러면 이미지나 그림이 사족 같은 것이 되어 글의 유기적 관계를 깨뜨리기 때문입니다.

달리 말해 어떤 이미지를 첨부하고자 할 때, 해당 영상이 빠지면 글 전체의 흐름이 부자연스럽거나 미흡하게 느껴져야 합니다. 사진이나 영상 자료를 넣은 글과 그러지 않은 글을 비교해보았을 때 아무 차이가 없다면 그 사진과 영상 자료는 안 넣는 게 바람직합니다.

백 마디 말보다 사진 한 장의 위력이 더 크다고도 하지만, 그렇다고 그림이나 사진의 표현력이 문자보다 늘 세다고 말하기도 어렵습니다.

이미지나 영상 한 컷을 보여주는 게 효과적일 때도 있고 문자로 친절하게 설명하는 게 더 효과적일 때도 있으며, 그 둘을 적절하게 섞는 게 더 나을 때도 있습니다.

문자로 표현하지 못하는 정보를 영상이 제공하고, 영상이 미처 담지 못한 정보를 글이 보완해 주는 것, 그것이 바로 균형 잡힌 SNS 글쓰기입니다.

한 페이지 쓰기의 법칙

전달력을
떨어뜨리는 한 줄

앞서 본 것처럼 전달력을 높이는 한 줄도 존재하지만, 그와 반대로 전달력을 떨어뜨리는 한 줄도 있습니다. 게다가 우리는 이런 표현을 아무 생각 없이 자주 씁니다.

Q - 어떤 표현을 말하는 건가요?

A - 어떤 메시지를 주장할 때는 단정적인 어조로 표현하는 게 좋습니다. 그렇지 않으면 전달력을 떨어뜨릴 수 있습니다.

불필요한 단어는 덧붙이지 않고 좀 더 단순하게 표현해야 합니다. 당신은 평소 글을 쓸 때 다음 표현을 사용하는가요?

- OO 이라는 이야기
- OO 등을 거쳐

• OO 이라든지가 좋다고 생각해

OO 뒤에 오는 밑줄 친 부분이 사실은 불필요한 말인 경우가 많습니다. 과거에 자신이 쓴 자료나 이메일, SNS에 올린 글을 다시 한번 살펴봅시다. 아마도 무의식중에 이런 표현을 썼을 것입니다. 이런 표현들은 의미를 모호하게 만들어 전달력을 떨어뜨리는 불필요한 말입니다. 과감하게 없애 버립시다. 그래도 내용에 전혀 영향을 끼치지 않는 경우가 더 많을 것입니다.

• 이 책에서 말하는 것은 온라인 화상회의가 전달력이 약하다는 점을 해결하기 위한 연출법이다.

　→ 이 책에서 말하는 것은 온라인 화상회의가 전달력이 약한 점을 해결하기 위한 연출법이다.

위 두 문장은 '~다는'을 집어넣는지, 넣지 않는지 차이밖에 없지만, 처음 문장은 어딘가 답답한 느낌이 듭니다. 해당 부분만을 발췌해보면 차이를 더욱 뚜렷하게 느낄 수 있습니다.

· 전달력이 약하다는 점을 해결 → 전달력이 약한 점을 해결

SNS에 짧고 강한 인상을 주는 글을 올려서 '좋아요'를 많이 받고, 인

사 담당자가 주목하는 자기소개서를 쓰고, 한정된 미팅 시간 내에 계약
을 성사해야 한다면, 불필요한 표현은 과감히 버리는 게 좋습니다.

한 줄 쓰기에 유용한 단어가 있다

힘을 주는 단어

어떤 메시지나 정보가 '대단한 것'이나 '유명한 사람이 추천한 것'이
나 '굉장한 회사가 만든 것'이라고 힘을 주면, 다른 노력을 하지 않아도
상대는 관심을 집중합니다. 정보나 메시지를 전달하기 직전에 힘을 주
는 한 줄을 배치하면 효과적입니다. 다음 예를 봅시다.

- 상반기 매출 넘버원!
  인기 메이크업 아티스트가 말하는 간단 피부 관리법

- 팔로워 100만 명!
  파워 유튜버와 긴급 컬래버레이션 기획!

여기에서 밑줄 친 부분이 '힘을 주는 한 줄'입니다. 그럼 이 한 줄을
다시 지워봅시다.

• 파워 유튜버와 긴급 컬래버레이션 기획!

힘을 주는 한 줄이 사라지니 무엇이 대단한지 잘 느껴지지 않습니다. 이 한 줄을 추가하느냐 추가하지 않느냐에 따라 상대의 반응이 달라집니다.

Q - 강력한 한 줄을 쓸 수 있는 사람이나 물건은 세상에 그리 많지 않을 것 같습니다. 평범한 사람이나 물건이 압도적으로 많은데, 이때는 어떻게 해야 하나요?

A - 이럴 때도 써먹을 수 있는 한 줄이 있습니다. 바로 시선을 끄는 한 줄입니다.

관심도는 단위로 나타낼 수 없는 잣대가 없지만, 어렴풋이 '굉장한 게 아닐까?'라는 느낌을 주는 모호한 표현으로 한 줄의 역할을 충실히 수행합니다. 이 표현은 광고에서 자주 볼 수 있는데, 이 법칙을 잘 알고 있는 카피라이터들은 의도적으로 사용합니다. 일부러 모호한 표현을 사용해서 왠지 강하게 느껴지도록 만드는 것입니다. 다음 단어를 사용해서 한 줄을 만들면 됩니다.

1. 긴급: '긴급 알림', '긴급 모집'

'긴급'을 추가하면 의미가 더욱 강해집니다. 이메일 제목이나 SNS에 사용하면 상대의 관심을 끌 수 있습니다.

2. 철저: '철저 보강', '철저 개선'

어디까지가 느슨한 것이고 어디부터가 철저한 것인지를 나누는 잣대는 존재하지 않습니다. 그러나 이 단어를 덧붙이면 '자신의 힘을 최대한 사용했다'라는 가치를 연출할 수 있습니다. 기획안이나 상품의 홍보 문구 등에 사용하면 강한 이미지를 줄 수 있습니다.

3. 최강: '최강 선수단 구성', '최강 독서법'

'최강'은 최상급의 표현임에도 근거를 제시할 필요 없이 사용할 수 있는 매우 편리한 단어입니다. '최강 ○○○'이라는 한 줄이 관용적으로 사용되고 있기 때문입니다. 자신이나 자사의 상품, 블로그에서 무언가를 소개할 때 폭넓게 사용할 수 있습니다.

100% 반응을
끌어내는 마법의 단어

상담이나 업무용 대화 또는 프레젠테이션할 때는 상대가 적극적으로 자신의 말을 들어주느냐에 따라 결과가 크게 달라집니다. 그리고 상대가 적극적으로 듣게 만드는 마법의 단어가 있습니다. 다음 문장을 봅시다.

• 이 문제를 해결할 방법이 <u>딱 하나</u> 있습니다.

이런 문장을 보면 자신도 모르게 궁금해 집니다. '딱 ○○', '○○뿐'과 같이 한정을 나타내는 표현을 보게 되면, 즉시 관심을 보이기 시작합니다. 한정 수량으로 파는 가방을 사려고 젊은 여성들이 명품매장 앞에 오픈런 하는 것과 같은 심리가 발동하는 것입니다.

이 마법의 단어 '딱 하나'를 가장 효과적으로 쓰는 방법은, 가장 전하고 싶은 정보나 메시지를 '바로!' '그것은!' 등의 말 직후에 배치하는 것입니다. 그다음 '딱 하나'라는 단어와 아래와 같이 조합해 봅시다.

• 이 문제를 해결할 방법이 '딱 하나' 있습니다.

　바로! ○○○입니다.

Q – 만약 강조하는 것이 두세 가지라면요?

A – 그럴 때는 딱 2가지, 딱 3가지라고 쓰면 됩니다. 각각을 설명할 때 앞머리에 첫째는, 둘째는 이라고 표현하면 좋습니다. 다음과 같습니다.

• 이 문제를 해결하는 방법은 딱 2가지 있습니다.

　첫째는 ○○○, 둘째는 ○○○입니다.

이렇게 하면 문장에 완급이 생겨서 인상적인 글을 쓸 수 있습니다. 딱 하나라는 단어는 특히 실제 프레젠테이션 현장에서 100% 반응을 만들어 내는 마법의 단어입니다.

'The road to hell is paved with adverbs.' (지옥으로 가는 길은 '부사'로 포장돼 있다.)

'스티븐 킹'의 명언 중 하나입니다. 부사나 형용사를 남발하지 말 것. 원래 이게 일반적인 글쓰기의 핵심 원칙입니다.

　글 쓰는 이가 심적으로 불안하거나 확신이 없으면 수식어를 많이 사용합니다. 그래서 글쓰기 책에서는 한결같이 활력 넘치는 문장을 위해선 불필요한 단어(부사, 형용사 등)를 줄이라고 강조합니다.

하지만 '한 줄 쓰기 기술'에선 반대입니다. 심지어 완전 반대입니다. 게다가 반응을 끌어내는 마법 같은 부사까지 존재합니다.

결론부터 말합니다. 반응을 끌어내는 마법의 부사, 한 줄의 첫 단어를 '절대로, 의외로, 함부로, 제대로, 무심코' 이 단어로 시작하면 됩니다.

밋밋한 한 줄에 활력을 불어넣는 마법의 단어입니다. '하면 안 되는' 같은 부정적 의미의 동사에는 '절대로, 함부로'를 붙이면 됩니다. 부정적이든 긍정적이든 다 통하는 마법의 부사는 '의외로, 제대로, 무심코' 입니다.

사용 방법도 정말 간단합니다. 그냥 이 단어로 시작하면 됩니다. 다음 문장을 봅시다.

- 인터넷 설치 꿀팁 3가지
  → 의외로 모르는 인터넷 설치 꿀팁 3가지

마법의 단어 '로'	
부정 동사	절대로, 함부로
긍정·부정 동사	의외로(의외로 모르는), 제대로, 무심코

클릭을 부르는 단어

클릭을 부르는 마법의 단어들이 있습니다. 한 줄 쓰기, 특히 유튜브 섬네일, 블로그 제목에만 들어가면 이상하게 클릭하고 싶어지는 단어들입니다. 마치 낚시의 미끼 같은 단어입니다. 이 단어를 삽입하면, 즉시 찌가 움직입니다.

5가지 주제입니다. 사용법도 정말 간단합니다. 다음 단어들을 한 줄에 덧붙이기만 하면 됩니다.

주제	단어
호기심을 유도하는 단어	이유, 까닭
가성비를 보여주는 단어	무료, 가성비갑, 공짜
비교로 자극하는 단어	최고, 최악, 기네스북
민족성을 건드리는 단어	한국인, 외국인, 일본인, 중국인
기분을 자극하는 단어	진상, 꼴불견

위 표에서 특히 주목할 게 호기심을 유도하는 단어 '이유, 까닭'입니다. 한 줄 쓰기에서 정말 중요한 건 '간지럽히기 기술'입니다. 전부 드러내면 안 됩니다. 콘텐츠의 핵심, 즉 그 이유나 까닭을 제목에 바로 보여주는 게 아니라, '뭐야?'라는 호기심만 건드려야 합니다.

간지럽히기 기술은 다 보여주지 않고 '~해야 하는 이유', '~하는 까닭'으로 유도하는 것이 핵심입니다.

가성비를 보여주고, 비교로 자극하는 단어도 클릭을 높이는 마법 같은 단어입니다. '무료, 가성비갑, 공짜' 이런 단어를 썼다가, 한 번씩은 '뽕을 뽑는' 같은 단순무식한 가성비 자극 단어로 바꿔 쓰는 것도 의외로 효과가 좋습니다. 또 다음처럼 민족성을 건드리면 클릭을 부릅니다.

- 가을에 가면 좋은 여행지 탑 3
  → 한국인만 아는 가을에 가면 좋은 여행지 탑 3
  → 외국인들은 절대 모르는 가을에 가면 좋은 여행지 탑 3

이렇게 수식어만 달아줘도 클릭 폭발합니다. 특히 가까운 이웃 나라 '일본인, 중국인' 같은 단어의 효과는 놀랍기까지 합니다. '놀라운 한국 풍습' 앞에 '일본인은 절대 모르는' 같은 수식을 넣으면 어떤 느낌이 드나요.

기분을 자극하는 단어도 요긴하게 쓰입니다. 어떤 영역에서건 열 받게 만드는 이 단어를 쓰면 통합니다. 혹시 당신의 직업이 스튜어디스인가요? 그러면 '기내 진상 고객 Top 3' 같이 만들면, 대박입니다. 아니면 직업이 호텔리어인가요? 그러면 '호텔에서 꼴불견 Top 3' 같은 제목을 사용하면 클릭 폭발입니다.

Q - 클릭 효과를 더 크게 하고 싶다면요?

A - 증폭시키고 싶을 때 쓰는 마법의 단어, 바로 '주의', '요주의'입니다. 실전에서 이렇게 사용하면 됩니다. '호기심, 가성비, 비교, 민족성, 기분'을 건드리는 단어 뒤에 다음처럼 주의, 요주의라는 단어를 겹쳐 쓰면 됩니다.

- 기내 진상 고객 Top 3

  → 진상 주의! 기내 고객 Top 3

죽어가는 콘텐츠도 살리는
응급처방 단어

전혀 예상하지 못한 응급 상황, 119를 불러야 하는 긴박한 순간, 급한 일이 터졌습니다. 이런 일이 SNS에서도 종종 발생합니다.

업로드한 게시물이 조회 수가 낮을 때 찾아야 하는 '응급처방 기술'은 두 가지가 있습니다. 먼저 첫 번째는 바로 'ㅇㅇㅇ'입니다. 이게 뭐냐고? 형태 그대로입니다. 어떤 단어가 들어갈 자리에 그 단어 대신 'ㅇㅇㅇ'을 넣는 겁니다. 어떤가요. "ㅇㅇㅇ이 뭐지." 궁금해집니다. 그리고 자신도 모르게 클릭합니다.

설마 이런 게 먹히나요? 결론부터 말하면 먹힙니다. (그것도 아주 잘) 주제가 제목에 드러나는 순간, '아 그런 거구나'라며 독자들은 그냥 지나가 버리지만, ㅇㅇㅇ이 보이는 순간, "어? 뭐지, 그래?"하며 누릅니다. 그게 사람들 심리입니다.

드러내지 않고 숨기며 호기심을 자극하는 응급처방 기술, 바로 ㅇㅇㅇ입니다. 다음 예시를 봅시다.

1. 블랙핑크가 기내에서 꼭 챙기는 목베개

2. 블랙핑크가 기내에서 꼭 챙기는 ○○○

1번을 보면 전혀 눈에 띄지 않는 밋밋한 콘텐츠 제목입니다. 애써 클릭할 이유가 없습니다. 바로 외면입니다. 다음 2번을 봅시다. 똑같은 콘텐츠 제목인데 '○○○'을 넣으니 어떤가요. 순식간에 호기심을 자극하는 콘텐츠로 바뀝니다.

당신이 만든 콘텐츠 제목에 혹시 핵심이 드러나 있는지부터 확인해 봅시다. 그런데, 클릭이 나오지 않는다면 그 핵심을 '○'으로 바꿔봅시다.

다음은 응급처방 기술 두 번째, '덧붙이기 기술'입니다. 생각만큼 클릭이 나오지 않을 땐 끊임없이 독자를 건드려야 합니다. 무작정 자극하는 게 아니라, 기술적으로 살살 약 올리는 겁니다.

직접 건드리기

읽는 독자에게 "당신만 모른다는 거, 몰랐지?"하며 살살 약 올리는 겁니다. 첫 독자와 1:1 대면 상황이라고 가정하고 자극하는 기술입니다. 키워드는 '당신만 모르는'입니다. 외워 두고 사용하면 좋습니다. 제목에 덧붙이기만 하면 순식간에 클릭이 터지는 매직 키워드입니다. 그냥 만들어 놓은 콘텐츠 제목에 '당신만 모르는' 수식어만 집어넣으면 됩니다. 다음처럼 사용하면 됩니다.

- 일본여행 가기 전 꼭 알아야 할 팁 4가지

  → 당신만 모르는 일본여행 가기 전 꼭 알아야 할 팁 4가지

불특정 다수 건드리기

한 번에 특정 집단을 다 몰아, 자극하고 약 올리는 겁니다. 한 덩어리로 묶어 건드리면 됩니다. 제가 잘 써먹는 대표적인 방법은 민족성을 건드리는 것입니다.

'한국인만 모르는' 같은 수식어를 콘텐츠 제목 앞에 덧붙이는 기술입니다. 민족성을 건드리는 응급처방 키워드로 '한국인만 모르는' 대신 '중국인만 아는' 같은 라이벌 격인 집단을 동원해 자극해도 좋습니다. 다음처럼 사용하면 됩니다.

- 신기한 중국 문화 TOP 5

  → 한국인만 모르는 신기한 중국 문화 TOP 5

맛집 포스팅에
유용하게 쓰이는 단어

지금까지 단점을 장점으로 바꾸거나 최고의 매력 포인트를 끌어내는 단어 또는 기술 등을 살펴보았습니다. 하지만 모든 상황에서 적용할 수 있는 것은 아닙니다. 이런 기법으로 해결할 수 없는 상황도 많습니다. 물론 그렇다고 해서 포기하긴 이릅니다.

Q - 자랑할 거리나 내세울 만한 점이 아무리 찾아도 없어요.

A - 일단 당황하지 말고 당연한 것을 찾아서 그것을 칭찬해 봅시다.

가령 맛집 소개 포스팅에서 별다른 특징이 없다고 가정해봅시다. 카페인데 커피 맛은 전혀 특별하지 않습니다. 이럴 때 거짓말을 하지 않으면서도 매력적으로 소개하려면 어떻게 해야 할까요? 커피는 당연히 원두의 맛이 날 수밖에 없는데, 이것을 전면에 내세우면 됩니다. 다음과 같습니다.

• 원두 본연의 풍미를 제대로 즐길 수 있는 '○○카페'

왠지 맛있는 커피처럼 느껴지지 않나요? 그러나 잘 생각해보면 지극히 당연한 말입니다. 이 당연함이 의외로 유용합니다. 이것은 광고나 잡지 기사에서도 자주 볼 수 있는 표현입니다. 그다음에는 당연한 것을 최고의 매력 포인트로 끌어올리면 됩니다. 이 기법을 사용하면 인스타그램에 사진을 올릴 때도 멋진 문장을 담을 수 있습니다.

강한 인상을 주는 이야기에서 빠지지 않는 요소는 '반전'입니다. 겉모습은 사납게 생겼는데, 사실은 마음이 따뜻한 사람에게 우리는 마음이 저절로 열립니다. 쉬는 날 만났을 때, 편안함을 넘어 허름한 옷차림이었던 사람이 다음 날 말끔하게 양복을 차려입고 나타나면 순간적으로 끌릴 수 있습니다. '반전 매력'에 끌리는 것입니다.

'달다'라는 단어가 얼마나 강력한 파괴력을 지니고 있는지 아는 사람은 거의 없습니다. 본래 '달지 않은 것을 달다'라고 표현하면 반전이 만들어져서 아주 큰 부가가치를 만들 수 있습니다.

음식을 맛보고 뭐라고 표현해야 할지 난감할 때, 그냥 '달다'라고 말하면 어떻게든 해결됩니다. 예를 들어 고기를 먹을 때 "씹을수록 단맛

한 페이지 쓰기의 법칙

이 느껴지네요", 회를 먹을 때 "입에 넣는 순간 입안 전체에 단맛이 퍼지네요", 생채소를 먹을 때도 "야채에서 신기하게 단맛이 나요"라고 말하는 것입니다.

음식을 소개하는 TV 속 리포터들이 종종 써먹는 방법입니다. 그러나 냉정하게 생각해봅시다. 과일이라면 몰라도 고기에서 정말로 그렇게 단맛이 날까요? 또 단맛이 나는 생선회가 있을까요? 생으로 채소를 먹었을 때 달다고 느낀 적이 있는가요? 저는 없습니다. 아마 대부분 그럴 것입니다.

그런데 신기하게도 '달다'라고 표현하는 순간, 마트에서 저렴하게 파는 고기나 생선회와는 전혀 다른 고급스러운 인상을 심어줍니다.

단맛이 날 리가 없는 것을 '달다'라고 말하면 맛있다는 인상을 줄 수 있는 것입니다. 이것이 바로 '반전 기술'입니다. 참고로 대상이 달지 않은 것일수록 효과가 더 큽니다. '달다'와 같은 효과를 낼 수 있는 반전 기법이 또 있습니다. 다음 문장을 봅시다.

• 이 치즈는 맛이 아주 진하네요. 이런 건 처음 먹어봐요!

'재료 본연의 맛이 진하다'는 말을 들으면 왠지 신선하고 비싸게 느껴집니다. '진하다'라는 표현은 개인의 주관적 견해이므로 정해진 기준이 없습니다. 즉, 말하는 사람 마음대로인 거죠.

지금 즉시, 맛집 평가 사이트 리뷰나 블로그, SNS 등에 사용해 봅시다. 읽는 사람에게 강렬한 인상을 줄 수가 있습니다.

한 줄 제목으로 시선을 사로잡자

제목이 전부

독자가 즐겨보는 포스트나 유튜브 콘텐츠를 잘 보면 공통점을 발견할 수 있습니다. 바로 제목이 눈길을 사로잡습니다. 제목에서부터 바로 낚아야 합니다. 거의 '절대적'입니다. 특히 SNS 플랫폼 글쓰기 고수가 되려면 무조건 제목을 잘 지어야 합니다. 내용은 그다음입니다. 하루 수억 개의 새로운 콘텐츠가 쏟아지는 디지털 플랫폼에서 클릭 당하지 않는 콘텐츠는 바로 휴지통에 버려지기 때문입니다. 유튜브는 더합니다. 관심 주제별로 많게는 수십·수백·수천 개의 영상이 올라옵니다. 구독 영상만 하루 수십 가지 이상입니다. 다 볼까요? 천만에입니다. 눈길 가는 것, 한두 개만 찍어서 봅니다. 그러니 '제목이 전부'라는 말까지 나옵니다.

독서 감상문이든 영화 감상문이든, 제대로 제목을 짓는 사람을 찾기 어렵습니다. (심지어 'CGV에 다녀와서'라고 제목을 붙이는 사람도 있습니다.)

결론부터 말하자면 제목의 역할은 '주제 암시'입니다. 주제 연관성을 반영하면서 흥미까지 유발하면 더 좋습니다.

평범한 제목과 시선을 사로잡는 제목을 같이 비교해 봅시다.

평범한 제목	시선을 사로잡는 제목
〈그리스인 조르바〉를 읽고	이것은 교육인가, 가스라이팅인가?
독서 감상문	지금 이 순간 자네는 뭐 하는가?

어린 시절부터 지금까지 우리는 미래를 대비하는 삶을 살아야 한다고 주입받았습니다. 이것은 교육일까요? 가스라이팅일까요? 우리는 확정적이지 않고 예측에만 머물러야 하는 불확실하고 두려운 미래를 위해 편히 쉬고 충전하고 누려야 할 현재에 채찍질을 당합니다. "지금 이 순간 자네는 뭐 하는가?" 이런 물음은 모두 미래를 위한 것일 뿐, 그리스인 조르바가 했던 것처럼 오롯이 현재에 충실하기 위한 장치가 아니었습니다. 저 역시 거기에 자유롭지 못했으며 지금도 여전히 그러합니다.

이 책은 독자에게 카르페 디엠(Carpe diem), '지금 살아가는 현재 이 순간에 충실하라'라는 메시지를 조르바를 통해 보여줍니다. 이를 파악하는 것이 독서 감상문이 이뤄야 할 목표입니다. 그렇다면 '〈그리스인 조르바〉를 읽고' 같은 평범한 제목보다 주제가 암시될 수 있도록 제목을 정하는 것이 좋습니다.

한 페이지 쓰기의 법칙

제목 쓰기 기술

긴 제목은 좋지 않습니다. 첫 번째 '버리기 기술', 삭제할 수 있는 건 최대한 없애 버려야 합니다. 제목이든 글이든 간결하면 좋습니다. 구독자들이 블로그, 유튜브에서 검색하고 결과를 볼 때 제목이 긴 건 그냥 건너뜁니다. 짤막한데 핵심이 담긴 것, 바로 그 콘텐츠를 클릭합니다.

Q - 뭘 버리면 좋을까요?

A - 버려야 할 것 크게 다음 두 가지가 있습니다.

1. 쓸데없는 조사

- 겨울이 오기 전에 꼭 가봐야 할 한국의 신비한 여행의 스폿 5곳

  → 겨울이 오기 전 꼭 가봐야 할 한국 신비한 여행 스폿 5곳

2. 설명적 서술어: 예컨대 '~에 갔더니 ○○○가 있더라'라는 식입니다. 이런 것, 무조건 버려야 합니다.

<u>Q - 구체적으로 어떻게요?</u>

A - 간단합니다. 다음처럼 말줄임표(…)를 이용하면 됩니다.

• ~에 갔더니 ○○○가 있더라.
  → ~에 갔더니…
  ("갔더니 그래서?"라며 사람들의 궁금증 유발해 클릭하게 만드는 기술입니다.)

참고로 버리면 안 되는 것은 딱 하나입니다. 바로 '키워드'입니다. 간결함을 추구한다고 핵심 키워드까지 덜어내면 안 됩니다. 특히 온라인에서 독자들이 콘텐츠를 찾는 방식은 검색입니다. 키워드는 무조건 검색에 걸리게 만드는 핵심 단어이기 때문입니다.

일반적인 글쓰기 책에서는 제목 정하기 원칙으로 본문의 핵심을 끄집어내라고 강조합니다. 그러나 SNS 글쓰기는 정반대입니다.

두 번째 '가리기 기술', 절대 다 드러내지 말 것, 제목에서 전부 드러내면 절대 안 됩니다. 결정적인 건 가려야 합니다. 이기적인 독자들은 무조건 읽고 싶은 글만 읽습니다.

대표적인 예가 순위를 매긴 콘텐츠입니다. '영화관 진상 Top 5! 1위는 앞 좌석 발로 차기'라는 제목을 봅시다. 한눈에 봐도 모든 게 드러나 있습니다. '영화관 진상 Top 5'로 제법 눈길을 *끄는* 제목인데, 가장 중요한 1위가 드러나 있습니다. 이런 포스트라면 독자들은 그냥 제목만 읽고 갑니다. 핵심인 1위를 이미 제목에서 봤으니, 2위~5위까지의 내용은 확인하지 않는 겁니다. 그러면 다음처럼 결정적인 걸 가려봅시다.

- 영화관 진상 Top 5! 1위는 앞 좌석 발로 차기
  → 영화관 진상 Top 5! 1위는?

그리고 제목은 최대 12자를 넘지 않으면 좋습니다. 한눈에 들어오는 글자 수가 8~12자이기 때문입니다. 여기서 팁 하나! 제목을 짧게 줄이기 위해선, '가능하면 명사형'으로 가볍게 만들면 좋습니다. 다음과 같은 제목이 베스트입니다.

- 아주 작은 반복의 힘

제목에 키워드를 심기

Q - 앞장에서 제목에서 절대 버리지 말아야 할 게 키워드라고 했는데, 어떤 식으로 키워드를 제목에 넣어야 하나요?

A - 제목에 키워드를 심는 기술은 특히 SNS 글쓰기를 하는 사람들은 꼭 알아둬야 합니다. 여기서 말하는 키워드는 검색되게 만드는 핵심 단어를 말합니다. 독자들이 블로그, 포스트를 포함해 유튜브에서 콘텐츠를 찾는 방식은 검색입니다. 그래서 독자들이 자주 찾는 키워드 습성과 빈출 단어는 꼭 알아야 합니다.

• 검색 로직 응용: 일반인들이 검색하는 로직에 포커스를 맞춘 방식입니다. 전문 용어로는 '블로그(포스트) 최적화 과정'이라 말합니다.

대표적인 키워드 검색법은 자동완성으로 찾기입니다. 이것을 활용해 제목을 만드는 과정은 다음과 같습니다.

〈제목을 만드는 과정〉

1. 네이버 검색창에 대표 키워드 입력

'유튜버 수익'이라고 대표 키워드를 검색창에 입력합니다.

2. 네이버 검색창 대표 키워드 아래로 자동완성 키워드들이 연달아 표시

입력하는 순간 네이버 검색창에는 대표 키워드 아래로 자동완성 키워드들이 줄줄이 붙어 나옵니다.

3. 세부 키워드 선택

자동완성 글로 '유튜버 수익 순위', '유튜버 수익 계산기'가 차례로 뜹니다. 이게 바로 세부 키워드입니다.

여기서 자동완성으로 키워드로 보였다는 것은 일반 사람들이 자주 이 키워드로 검색했다는 소리입니다. 결론부터 말하자면 절대 이 키워드를 버리면 안 됩니다.

자동검색으로 따라 나오는 세부 키워드가 그럴싸하다면 아예 제목의 대표 키워드로 바꿔치기해도 좋습니다. '유튜버 수익'을 제목에 넣으려고 검색하는 과정에서 세부 키워드 2가지 '유튜버 수익 순위, 유튜버 수익 계산기'를 발견한 것입니다. 이걸 아예 제목 키워드로 써도 좋다는 말입니다.

이때 주의할 점이 있습니다. 세부 키워드에 맞게 콘텐츠 본문 내용을 꼭 추가해야 합니다. 그것도 적지 않은 분량을 써야 합니다. 그래야 독자들이 낚였다고 생각하지 않습니다.

내용보다 중요한
이메일 제목

앞에서 제목을 작성할 때 절대 다 드러내지 말자고 강조했습니다. 그러나 이메일은 그렇지 않습니다. 그 이유는 이메일은 제일 먼저 보이는 제목의 비중이 다른 어떤 글보다 크고, 용건 전달이라는 실용적인 목적이 중요하기 때문입니다.

이메일 수신자가 바빠서 본문은 읽지 못하고 제목만 확인한다고 가정합시다. 제목 한 줄만 읽고도 보낸 사람의 의도를 파악할 수 있다면 그 이메일은 용건 전달이라는 목적을 달성한 이메일입니다.

Q - 이메일 제목 작성 팁은요?

A - 용건의 종류를 더 뚜렷하게 알리려면 꺾쇠괄호를 사용하여 '[공지]' 이나 '[긴급]' 같이 말머리를 달아도 좋습니다.

읽는 이가 제목만 보고서도 내용을 알 수 있다면 좋은 제목입니다. 제목에서 할 말을 다 하는 건 아주 효율적인 표현 기술입니다. 이메일은 매우 실용적인 도구이니 제목에 내용을 함축하여 전달하는 것이 좋습니다. 다음 표를 봅시다.

좋지 않은 제목	좋은 제목
안녕하세요.	도서관 강연 잘 들었습니다. (한 페이지 쓰기의 법칙)
질문합니다.	[질문] '말'과 '글'의 차이
과제 제출합니다.	'한 장 쓰기' 과제 제출 (1기 OOO)
모임 일정입니다.	[공지] 독서 모임 (9월 25일 19시, 책방 OO)

이메일로 사용하기 좋은 제목과 좋지 않은 제목의 차이가 느껴지나요? 좋지 않은 제목들은 내용을 짐작하기 어렵지만, 좋은 제목들은 내용을 충분히 짐작할 수 있습니다. 수신자에게 판단 근거를 잘 보여주기 때문입니다.

그리고 이메일을 전송하기 전에, 이메일 수신자의 편의를 한 번 더 생각하면 좋습니다. 가령 상대편 컴퓨터에 엑셀이 깔리지 않았는데, xlsx 파일을 첨부해 보냈다면, 그 사람은 내용을 확인하지 못하거나 확인하려고 번거로운 작업을 해야 합니다.

또 이메일 기본 환경 설정도 확인합시다. 내 사용자 이름이 본명으로 설정되어 있지 않으면, 이메일을 받는 사람의 편지함에는 아이디나 닉네임으로 표시될 수도 있기 때문입니다. 이메일을 자주 주고받는 사이가 아니면 설정을 본명으로 바꾸거나, 보낼 때마다 신경을 써서 제목 끝에 자기 이름을 덧붙이면 좋습니다.

마지막으로 요청하거나 부탁하는 이메일을 보내고 답장을 받은 다음에는 감사 인사 또는 확인 답장을 한 번 더 보내면 좋습니다. 그래야 답장을 보내 준 사람이 의사소통이 완료되었다는 판단을 내릴 수 있기 때문입니다. 시작을 당신이 했다면, 마무리도 당신이 하는 게 바람직합니다.

제목을 망치는 표현

제목을 망치는 표현도 있습니다. 반드시 경계해야 합니다. 다음 세 가지를 주의해야 합니다.

1. 제목에서 다 보여주면 안 된다.

핵심적인 것은 무조건 숨기기, 핵심을 드러내는 건 경계해야 합니다. (반대로 너무 숨겨도 안 됩니다.) 다음과 같은 제목은 쓰지 말아야 합니다.

• 서울 잠실 아파트 가격 Top 5, 1위는 아시아 선수촌

독자들이 가장 궁금해하는 1위를 제목에 그냥 공개해버렸습니다. 이 경우 독자들은 제목만 읽고 클릭해서 본문을 읽어보지 않고 그냥 넘어 갑니다. 전형적인 실패한 제목입니다.

2. 제목에 너무 많은 키워드는 금물이다.

지나친 욕심은 금물입니다. 제목에 너무 많은 키워드를 넣지 말아야합니다. 핵심적인 키워드 하나만 드러내면 좋습니다.

- '전화 통화 내용을 온 세상에 생중계' 지하철 진상 유형 3위, 2위는 쩍벌, 1위는?

키워드가 너무 많습니다. 그러다 보니 제목까지 길어졌습니다.

3. 제목에 상업적 문구나 단어는 자제해야 한다.

상업적 문구는 반감을 불러일으킵니다. 이메일에서도 자동으로 휴지통에 들어가 버리는 상업적 키워드는 무조건 걸러내야 합니다. 맛집, 학원, 병원, 성인 같은 단어가 대표적입니다.

Q - 그래도 상업 콘텐츠 노출을 해야만 할 때, 무슨 좋은 방법이 있나요?

A - 가끔 쓰는 편법이지만 방법이 있습니다. 여러 가지(제품, 장소, 물품)를 같이 노출하면 됩니다.

예컨대 선크림 노출을 원한다고 해봅시다. 이럴 때 제목을 '여행 때꼭 필요한 물품 5가지'로 만들어, 구성을 살짝 바꿔버리면 됩니다. 이 물품 5가지 중에, 노출을 원하는 선크림을 넣으면 됩니다.

Q - 이와 반대로 무조건 눈길을 사로잡을 수 있는 제목에 쓰면 아주 좋은 표현은 없나요?

A - 제목에 쓰면 좋은 마법 같은 수식어가 있습니다. 방법도 간단합니다.

주제 앞에 'OO할 때 가면 좋은' 느낌을 주는 수식어만 달아주면 됩니다. 다음 제목을 비교해 봅시다.

- 이색 전시관 Top 5
  → 연인끼리 가면 좋은 이색 전시관 Top 5
  → 한여름에 가면 좋은 이색 전시관 Top 5

03

한 페이지 쓰기
비법

글은 이렇게 만들어 진다

글 제조 과정

Q - 내가 보기엔 좋은데, 왜 남들은 아니라고 할까요?

A - 글을 끄적였던, 끄적이고 있는 사람이라면 누구나 고민하는 질문입니다. 자신했던 기획안이나 보고서가 상사에게 무시당했거나 심혈을 기울여 작성한 논문이 무참히 돌아왔던 경험이 있다면 이 화두를 품고 있을 것입니다. 더군다나 기획자나 연구원이라면 글로 설득하는 직종에 근무하는 사람으로서 허투루 글을 다룰 리 만무하므로 더더욱 그렇습니다.

이렇듯 글로 누군가를 설득하는 일은 쉽지 않습니다. 고등학생에게는 논술이 골칫거리일 테고, 예비 취업자에게는 자기소개서가 걸림돌일 것입니다. 최선을 다했고 보기에도 괜찮지만, 왜 자꾸 씹히는지 정말 모를 일입니다.

그런데 이런 일은 글로 먹고사는 전문가들도 자주 겪는 참사입니다. '잘 쓴 글' 혹은 '좋은 글'에 대한 정의는 많습니다.

진정성이 느껴지는 글, 주제의식이 명확한 글, 합리적인 논증과 주장이 담긴 글, 문장이 명확하고 누구나 이해할 수 있는 글, 감동을 주는 글 등. 하지만 이런 정의는 잘 쓴 글에 대한 정의가 아닙니다. 결론적이고 추상적이기 때문입니다. '좋은 야구 선수는 어떤 사람인가'라는 질문에 '홈런 많이 치는 선수'라고 대답하는 것과 별반 다르지 않습니다.

좋은 글과 팔리는 글은 별개입니다. 이 사실을 꼭 기억해야 합니다. 좋은 글이란 내가 보기에 좋을 뿐입니다. 그러나 팔리는 글은 나 자신이 아닌 독자의 눈높이를 정조준했다는 것을 의미합니다. 그러니까 팔리는 글은 나의 만족과 무관하다는 얘기입니다. 좋은 글이 자기 만족적인 이기적 성향을 갖고 있다면, 팔리는 글은 타인을 만족시키는 이타적 성향을 띱니다.

좋은 글이라는 자기만족성에서 벗어나 팔리는 글이라는 타인 지향성을 추구할 때, 글의 화력은 세집니다.

글은 상품입니다. 스스로 아무리 잘 썼다고 평가하더라도 글 소비자인 독자가 재미를 느끼지 못하면 꽝입니다. 내용이 알차고 전달하는 메시지가 심오해도 마찬가지 입니다.

재미가 있어야 합니다. 대학가에 떠도는 대자보가 됐든 칼럼이 됐든

　　　　　　　　　　　　　한 페이지 쓰기의 법칙

벽에 걸어놓는 출사표가 됐든 수필이 됐든 재미가 없으면 아무도 읽지 않습니다.

A - 재미를 위해서는 기본적으로 다음 두 가지가 필요합니다.

1. 외형적으로 리듬이 있어야 한다.

독자가 리듬감 있게 읽을 수 있어야 합니다. 문장이 리듬감 있게 움직여야 합니다. 좋은 문장은 좋은 글을 쓰는 데 필요조건입니다.

2. 글의 재미는 구성에서 나온다.

문장이 좋다고 해서 글 전체가 좋다는 법은 없습니다. 글 전체를 재미있게 만드는 더 큰 원칙이 있습니다.

구성, 즉 디자인입니다. 글을 읽는 재미는 바로 이 구성에서 나옵니다. 머릿속 마음속 자료 속에서 골라낸 팩트를 서술한 문장을 큰 그림 속에 배치하는 설계도가 구성입니다.

참고로 글은 다음과 같은 제조 과정을 통해 만들어집니다.

생산 방향 결정 (글의 주제와 소재 정하기) → 재료 수집 (주제와 소재에 맞는 글 재료 수집) → 정보 분류 (수집한 글 재료를 주제에 맞게 정리) → 개요 짜기 (글을 구성하는 단계) → 글 제작 (실제로 글쓰기) → 설계 수정 및 재조립 (쓴 글을 읽어보고 드러난 문제 수정) → 소비자 재검수 (수정된 글 다시 읽기) → 완성

재료 수집,
자료와 정보의 차이

Q - 글쓰기에 앞서 자료와 정보를 잘 간추리는 일이 아주 중요하다고 하는데, 자료와 정보는 뭐가 다른가요?

A - 자료와 정보의 차이는 다음 문장을 보면 쉽게 확인할 수 있습니다.

• 정육점에 걸려있는 생고기가 '자료'라면, 먹기 좋게 잘라 양념에 재워 둔 고기는 '정보'입니다.

우리가 흔히 데이터라고 부르는 게 자료입니다. 온도나 높이 같은 측정값이나 인명, 지명, 연대, 통계 등이 모두 기초 자료입니다.

예를 들어 중국 인구에서 한족이 차지하는 비율인 '91.5%'는 통계 자료 중 하나입니다. 또 한국은 2023년 4.19혁명 기록물이 유네스코 세계기록유산으로 등재돼 우리나라 세계기록유산은 모두 18개로 늘었죠.

이 기록물 자체가 귀중한 역사 자료일뿐더러 기록물들의 목록 역시 자료입니다.

'남극 빙하가 완전히 녹으면 전 세계 해수면이 50~70cm 정도 상승할 것이다'처럼 자료를 설명한 문장도 자료입니다.

그리고 학교에서 복사해 온 2쪽 자리 유인물, 바탕화면에 저장해 둔 여행 사진, 강의를 녹음한 오디오 파일 등 이런 모든 것들이 다 자료입니다.

이런 자료를 가공하는 과정을 정보화라고 부릅니다. 정보화라고 해서 거창하게 프로그램을 짜는 일만 가리키는 건 아니고, 필요에 따라 분량을 줄이거나 핵심만 간추리는 것까지 두루 정보화라고 부를 수 있습니다.

자료를 잘 정리하는 사람들은 즐겨찾기(북마크), 갈무리(캡처), 발췌 복사(카피)에 별로 의존하지 않고 정보화의 중간 단계로만 잠시 활용합니다. 자료를 읽고 분량을 조금이라도 줄였다면 정보화의 첫 단추를 잘 끼운 겁니다. 전체 화면 갈무리가 자료에 머문 것이라면, 일부 화면 갈무리는 정보에 가깝습니다.

온라인이든 오프라인이든 정보화 원칙은 같습니다. 가령 도서관에 가서 책을 읽으며 나중에 참조하고 싶은 구절이 보이면, 복사실로 가지 않아야 합니다. 귀찮고 힘들어도 꼭 노트에 펜으로 옮겨 적는 것이 좋습니다. 일일이 옮겨 적기는 손도 아프고, 꽤 번거로운 탓에 꼭 필요한 구절만 간추리다 보면 자동으로 정보화가 진행되기 때문입니다.

그런데 복사해서 집으로 가져오면 어떨까요. 한동안 복사한 사실도 잊은 채, 세월이 지나 대부분 휴지통으로 가지 않을까요?

수집한 자료는 즉시 정보로 가공할 때 가장 효율적입니다. 새로 발견한 좋은 웹사이트나 추천받은 영상 자료가 있으면 북마크에 등록하지 말고 당장 그 자리에서 정보화 작업을 조금이라도 진행해야 합니다.

또 인상적인 이미지를 찾았다면 아무렇게나 저장하지 말고 파일 제목을 자기 나름대로 새로 붙여야 합니다. 그때그때 귀찮음을 조금만 견디면 나중에 두고두고 편합니다.

똑같은 이미지 파일도, 파일명을 적절히 바꾸면 한낱 자료였던 것이 좋은 정보로 바뀝니다. 파일명에 내용이 드러나면 나중에 활용하기가 편합니다. 시간이 많이 지나도 정보로서 유용하죠.

예를 들어 '아이티_대지진.jpg'라고 저장하는 것보다 발생한 연도까지 붙여 '아이티_대지진_2010.jpg'라고 고쳐두면 더 좋습니다.

정보는 한 번 쓰고 버리는 일회용이 아닙니다. 끊임없이 재활용할 수 있습니다. 잘 정리해 둔 정보는 글의 쓰임새에 따라 약간 다듬어 언제든 요긴하게 다시 꺼내쓸 수 있습니다.

한 페이지 쓰기의 법칙

정보 분류,
다작의 비결

자료를 모아서 정리하는 목적은 주제를 뒷받침하는 근거를 확보하기 위해서입니다. 아무리 좋은 주장이나 견해도 적절한 근거 없이는 독자의 공감을 얻기 어렵기 때문이죠.

자료가 충분하면 객관성을 확보하기가 좋습니다. 그렇지만 아무리 객관적인 자료라 해도 글의 목적에 부합하지 않으면 쓸모가 없습니다. 따라서 자료를 정보로 바꾸는 작업이 필요한데, 글의 목적에 맞게 자료를 선별하여 간추리고 편집하는 과정을 '정보화'라고 했습니다,

Q - 자료를 잘 간추려 필요한 정보를 얻었습니다. 다음 단계는 뭔가요?

A - 이제 정보의 질을 높여야 합니다. 데이터를 다시 확인해 검증하면 정보의 질이 높아집니다.

'어느 수학자가...'라고 시작하는 인용문을 간추려 두었다면 내용이 좋더라도 아직 분명한 정보가 아니므로 확인해 '그리스의 3대 수학자로 꼽히는 유클리드가...'라고 보완해야 유용한 정보가 됩니다.

만약 21세기 대지진에 관해 글을 쓰려면 자료를 충분히 모은 다음 글쓰기에 필요한 정보를 간추려 정리해야 합니다. 정보를 간추렸다고 해서 전부 글쓰기에 바로 활용할 수 있는 건 아닙니다. 확인 후 보완하는 절차가 필요합니다.

최초 정보	보완한 정보
21세기 초에 일어난 아이티 대지진으로 많은 사망자가 발생했다.	2010년 아이티의 수도 포르토프랭스 지역에서 큰 지진이 발생했는데, 사망자 수가 무려 16만 명에 이른다.

'21세기 초'도 틀린 정보는 아니지만, '2010년'이라고 보완하니 정보가 더 충실해집니다. 지진이 발생한 지역과 사망자 수도 구체적으로 밝히면 독자는 더 알찬 정보를 얻게 됩니다.

이제 다음 단계는 같은 종류끼리 정보를 분류하는 일입니다. 바로 범주화 작업입니다.

21세기 발생한 대규모 지진에 관한 정보를 책이나 잡지, 웹사이트 등에서 찾았다면 그 정보를 한데 묶어 둡시다.

- 2004년 – 남아시아(인도네시아 수마트라 섬 해역) 대지진
- 2005년 – 파키스탄 카슈미르 대지진
- 2010년 – 아이티 대지진
- 2011년 – 동일본 대지진
- 2023년 – 튀르키예•시리아 대지진

표기 형식도 일정한 규칙대로 비슷하게 맞추면 좋습니다. 이렇게 같은 종류끼리 묶어 두면 나중에 태풍이나 다른 자연재해에 관한 정보가 보일 때, 예전에 묶어 둔 지진 정보가 떠오르겠죠.

그러면 새로 습득한 정보를 지진 항목 바로 아래에 덧붙이면 됩니다. 그리고 지진, 태풍, 화산 폭발 같은 것들을 상위 범주로 묶어 주고, 기존 항목에 포함되지 않은 새로운 재해 정보는 새로운 범주를 만들어 분류합니다. 다음 표처럼 정리하면 좋습니다.

소분류	중분류	대분류
지진	자연재해	재해
태풍		
화산 폭발		
일반사고	인위 재해	
특수사고		
오염		

이런 식으로 정보들을 잘 분류해 두면 재해에 관한 글을 쓸 때 관련 지식을 능숙하게 다룰 수 있습니다. (참고로 저의 다작 비결은 여기에 있습니다. 매일 관심 분야 자료를 정보로 바꾼 뒤 범주화 작업을 하고 있죠.)

글의 뼈대,
개요 짜기

생산 방향 결정 (글의 주제와 소재 정하기) → 재료 수집 (주제와 소재에 맞는 글 재료 수집) → 정보 분류 (수집한 글 재료를 주제에 맞게 정리) → 개요 짜기 (글을 구성하는 단계) → 글 제작 (실제로 글쓰기)

재료 수집과 정보 분류를 끝내고 이제 본격적으로 글을 쓰기 전 마지막 단계, 개요 짜기입니다. 개요 짜기란 쉽게 말하면 주제에 알맞은 근거 자료와 정보를 자연스럽게 배열하는 일입니다.

Q - 글의 뼈대를 만드는 것이네요. 주의할 점이 있나요?

A - 본격적으로 글쓰기에 앞서 글의 전체 내용을 미리 간추려 보는 것을 개요라고 부릅니다. 개요는 말 그대로 글을 대강 보여주는 것이라서, 대강 만들어야 개요로서 쓸모가 있습니다. 꼭 명심해야 합니다. 처음부터 개요를 너무 치밀하게 짜려고 하면 정작 글을 쓰기도 전에 포기할 수 있습니다.

글은 주장을 드러내는 부분과 근거를 대는 부분으로 구성되어 있습니다. 즉 주장과 근거로 이루어집니다.

글의 스케치이자 약도인 개요 역시 주장이 드러난 부분과 근거가 드러난 부분으로 나눠집니다. 주장은 글의 주제가 뚜렷한 문장이고, 근거는 주제를 뒷받침하는 문장입니다. 이 주제는 개요를 짜기 전에 먼저 제시될 때도 있고, 개요를 짜는 과정에서 도출될 수도 있습니다.

여러 사례를 관찰한 다음 어떤 일반적인 결론을 끌어내는 방식을 '귀납적' 글쓰기라고 부릅니다. 이와 달리 어떤 주제나 원칙이 먼저 주어진 다음 그에 맞는 사례를 찾아서 보여주는 방식을 '연역적' 글쓰기라 부릅니다.

| 귀납 | 작년 겨울에도 눈이 많이 내렸다.
올해 겨울에도 눈이 많이 내렸다.
그러므로 내년 겨울에도 눈이 많이 내릴 것이다. |
| 연역 | 사람은 누구나 죽는다.
소크라테스는 사람이다.
그러므로 소크라테스도 죽는다. |

개요를 짤 때 귀납이니 연역이니 하는 용어를 꼭 알아야 하는 것은 아니고, 서로 다른 전개 방식이 있다는 것 정도만 알면 됩니다.

먼저 귀납적으로 개요를 짜 보겠습니다. 어떤 주제로 글을 쓸지 정해지지 않은 상태에서, 뭔가 글감이 될 만한 것들이 보일 때마다 차곡차곡 정리해두면서 글감들 사이의 연관성을 찾아내 보는 겁니다. 주제가 정

한 페이지 쓰기의 법칙

해진 경우보다 한 단계 과정이 적기 때문에 개요를 짜기가 더 쉽습니다.

카페에서 직원이 "아메리카노 나오셨어요."라고 말을 합니다. 이렇게 주변에서 사물을 높이는 엉터리 존대 표현이 널리 퍼져 있습니다. 올바른 표현으로 바로잡아야 합니다. 여기까지의 아이디어만으로 개요를 짜보면 이렇습니다.

항목	개요
대표 사례	카페에서 직원이 "아메리카노 나오셨어요."라고 말함.
관련 사례	백화점에서 직원이 "이 제품은 환불이 안 되세요."라고 말함.
주제	자신도 모르게 사물을 높이는 잘못된 존대 표현을 바로잡자.

위 표를 보면 근거에 해당하는 부분이 먼저 나오고 주장에 해당하는 부분이 뒤에 나옵니다. 이런 것이 귀납적 방법입니다.

앞서 말했듯, 개요는 개요에 불과한 것이라서 근거 자료를 검토하며 나중에 얼마든지 수정할 수 있습니다. '잘못된 존대 표현을 바로잡자'라고 주제를 정했다고 해도, 자료를 조사하다 보면 관련 사례가 충분하지 않을 때도 많고, 더 재미있고 참신한 사례를 찾을 수도 있습니다. 그러면 사례에 맞춰 주제를 바꾸면 됩니다. 개요를 치밀하게 짜지 말고 대강 짜는 게 좋다고 말한 이유도 내용이 언제 바뀔지 모르기 때문입니다.

다음으로 주제가 먼저 주어질 때는 우리가 아는 것 중에서 근거가 될 만한 예를 찾아야 합니다. 여기서 팁 하나, 글의 주제가 미리 제시되면 자기한테 유리하게, 쓰기 쉽게 주제를 조정할 필요가 있습니다. 그래야 사례도 쉽게 찾아낼 수 있습니다.

가령 원자력 발전에 관해 글을 쓰라고 주제가 정해졌다면, 원자력 발전에 관해 두루 살펴보려 하기보다는 관심사를 좁혀서 다음처럼 세부 주제부터 정하는 것이 중요합니다. 그래야 주제에 맞는 예를 찾기 수월해집니다.

- 제시 주제 : 원자력 발전
- 세부 주제 : 핵발전소를 가동하여 생기는 핵폐기물 처리
- 실제 사례 : 일본 후쿠시마 오염수 방수

제시된 주제어를 조금 더 구체적으로 바꾸었고 실제 사례를 찾아서 적었습니다. 여기에 관련 사례를 하나 더 추가하면 더 그럴싸한 개요가 됩니다. 다음처럼 정리할 수 있습니다.

항목	개요
제시 주제	원자력 발전
세부 주제	핵발전소를 가동하여 생기는 핵폐기물 처리
대표 사례	일본 후쿠시마 오염수 방수
관련 사례	핀란드 핵폐기물 처리 시설인 '온카로'

한 페이지 쓰기의 법칙

제시된 주제를 구체적으로 고치고, 관련된 예를 추가하니 글의 얼개가 대강 만들어졌습니다. 독서 감상문, 백일장, 논술 등 글쓰기에서 주제가 미리 제시될 때는 이런 방식으로 개요를 짜면 좋습니다. 다시 말하지만, 주제를 치밀하고 구체적으로 바꾸는 일이 핵심입니다. 세부 주제를 잘 도출하는 게 중요합니다.

실전 글쓰기, 독서 감상문

글 제조 과정을 살펴봤습니다. 이 장에서 배운 내용을 종합해 독서 감상문 개요를 한번 짜보겠습니다. 여기서 팁 하나, 독서 감상문은 작품 줄거리를 일일이 소개하는 글이 아닙니다. 학생들이 쓴 독서 감상문 대부분은 줄거리 나열로 채워지다가 마지막에 간략한 의견을 슬쩍 추가해 끝납니다. 초등학생 일기가 대개 기상부터 취침까지 일어난 일을 모두 나열한 다음 '참 재밌었다'로 끝나는 것처럼 말이죠.

Q - 그럼 어떻게 써야 하나요?

A - 조금 더 괜찮게 쓰려면 줄거리 나열이 아니라 중요한 대목을 골라내야 합니다. 어느 대목이 중요한지 물어보기도 하는데, 여러분이 중요하다고 판단한 대목이 중요한 대목입니다. 다른 사람을 신경 쓸 이유가 없죠.

한 페이지 쓰기의 법칙

스포츠 기사를 보면 경기 전체 내용을 자세히 전달하지 않고 경기 중 인상적인 장면만 부각해 작성하는 기사도 많습니다. 그런 인상적인 장면을 취사선택하는 데는 기자의 주관이 많이 들어갑니다.

객관적인 글이라고 해서 다 좋고 주관적인 글이라고 해서 다 나쁜 게 아닙니다. 독서 감상문 역시 책의 일부만 주관적으로 다루어도 전달하고자 하는 메시지를 잘 표현하면 좋은 글입니다. 참고로 독서 감상문은 대체로 써야 할 분량이 정해져 있으므로 책 내용을 다 소개하기도 어려울뿐더러 그럴 이유도 없습니다.

개요를 먼저 짜 봅시다. 책을 다 읽었는데, 주제가 잘 잡히지 않았다면 귀납적으로 사례들을 열거해 가며 주제를 찾는 게 효과적입니다. 반대로 작품을 다 읽고 어렴풋하게나마 주제를 잡았다면 연역적으로 사례를 찾아가면서 개요를 짜면 됩니다.

독서 감상문은 주제 연관성을 잘 보여주는 글입니다. 이 점을 명심해야 합니다. 주제를 잘 드러내는 결정적인 한 문장을 찾는 것이 중요하고, 아주 긴밀한 관련을 맺는 다른 구절과 연관을 짓는 것이 그다음으로 중요합니다.

〈그리스인 조르바〉는 저자인 니코스 카잔차키스가 '조르바'라는 캐릭터를 통해, 점점 더 진정한 자유가 무엇인지 깨닫게 되는 소설입니다. 이 작품을 읽고 독서 감상문을 쓴다고 가정해 봅시다.

귀납적 방식으로 쓴다면, 일단 읽으면서 밑줄을 쳐 두었다든지 인상 깊었던 구절을 하나 골라 봅니다. 예를 들어 '육체는 나귀 같은 거예요. 나귀에게 먹이를 주지 않으면 목적지의 절반도 가지 못해 당신을 버릴 겁니다.'라는 문장은 머리형 인간인 주인공 화자와 대비되어 몸형 인간인 조르바를 잘 표현한 구절입니다.

매일 저녁 조르바는 오두막 밖 화덕에 불을 지펴 정성을 다해 요리하고 식사를 하며 술을 마시고 춤을 춥니다. 이렇게 음식을 먹는 일의 즐거움에 대해 자주 언급합니다. 또 화자는 생전 처음으로 먹는 즐거움을 느낀 것이 바로 이곳이라고 합니다.

다시 책을 훑어보면서 앞서 찾아낸 주제와 연관성이 있는 다른 대목을 찾아봅시다. 그러면 '나는 식사도 숭고한 영적 의식이라는 사실을, 고기와 빵과 포도주는 영혼을 만드는 재료라는 사실을 처음 깨달았다.' 같은 구절이 눈에 들어올 겁니다. 어때요, 서로 주제가 통하죠?

이 두 사례에서 "카르페디엠, 현재에 집중하라, 즉 지금 이 순간을 즐겨라!"라는 독서 감상문 주제를 끌어낼 수 있습니다.

개요	예시
대표 사례	육체는 나귀 같은 거예요. 나귀에게 먹이를 주지 않으면 목적지의 절반도 가지 못해 당신을 버릴 겁니다.
관련 사례	나는 식사도 숭고한 영적 의식이라는 사실을, 고기와 빵과 포도주는 영혼을 만드는 재료라는 사실을 처음 깨달았다.
주제	카르페 디엠 (Carpe diem), '현재에 집중하라', 즉 '지금 이 순간을 즐겨라!'

이런 식으로 주제 연관성이 드러난 대목들을 잘 엮으면서 자기 의견을 적절히 더하면 좋은 감상문을 쓸 수 있습니다.

한 페이지 쓰기의 기술, 한 장만 잘 쓰면 된다

보고 알 수 있게 만들기

1장을 통해 우리는 글쓰기에 관한 고정관념을 자연스럽게 버려 글쓰기가 어렵지 않고 오히려 쉽다는 사실을 알았고, 2장에서는 한 줄 쓰기 기술과 적절한 단어 사용 방법에 대해 배웠습니다. 3장의 시작은 글의 제조 과정을 소개했고, 자료를 정보로 바꾸고 범주화 작업으로 정보를 분류하는 글쓰기 준비 과정과 개요만 잘 짜도 글쓰기가 쉬워진다는 사실을 알았습니다. 이제 이 책의 핵심 '한 페이지 쓰기 기술'에 대해 본격적으로 살펴봅시다.

"한 장으로 요약해 봐."

제법 많은 분량의 문서를 직장 상사가 한 장으로 정리해서 보고하라고 합니다. 말은 쉽지만 실제로 한 장으로 만드는 일은 생각만큼 쉽지 않습니다. 이것저것 모두 중요해 보입니다. "그럼 당신이 직접 해봐!"라는 말이 목구멍까지 차오릅니다.

그러나 많은 기업이 이를 실천하고 있습니다. 세계적인 기업일수록 보고서는 짧게 씁니다. 바쁜 경영자들이 짧은 시간 내에 의사결정을 내려야 하기 때문입니다. 따라서 잘 정리된 한 장짜리 보고서를 쓰는 기술이 있는지가 출세와 직결된다고 해도 과언이 아닙니다.

Q – 한 장짜리 보고서는 어떤 효용을 가져다주나요?

A – 잘 정리된 한 장의 문서는 단순히 정보만 보여주는 보고서가 아니라 살아 움직입니다. 업무를 원활하게 진행할 뿐만 아니라, 회의 때 효율적인 대화를 유도하는 도구가 되기도 합니다.

저도 책을 쓰기 전에 한 장짜리 출간기획서를 먼저 작성합니다. 이 요약된 보고서를 출판사 담당자에게 보여주고 OK 싸인을 받으면, 본격적으로 전체 원고를 씁니다. 제가 짧은 시간 다작을 할 수 있었던 비결도 이 한 장짜리 보고서 (출간기획서) 덕분입니다.

Q – 그럼 한 장짜리 보고서는 어떻게 만들어야 하나요?

A – 다음 문장을 먼저 이해해야 합니다. 한 장 쓰기에서 제일 중요한 부분입니다.

'읽고 알 수 있는 것이 아니라,

  → 보고 알 수 있도록 만들어야 한다.'

'보고 알 수 있게 만드는 것', 즉 '한 화면에 보기'를 잘 하려면 Form(형식)에 대한 이해가 필요합니다.

회의록을 예를 들어봅시다. 회의록이 하는 역할은 크게 두 가지입니다. 회의의 시간 낭비를 줄이는 것과 회의를 원활하게 진행하는 것입니다. 회의록은 일정 'Form'을 갖추고 있습니다. 회의에서 논의하고 싶은 사항을 미리 제목별로 정리해두고 시각적으로 잘 보이도록 Form을 만듭니다. 이 Form을 통해 이 문서에 몇 개의 안건이 요약되어 있는지, 오늘 회의에서는 무엇을 논의하는지 등이 일목요연해집니다. 다음처럼 만들면 됩니다.

Form(형식)을 만들어 한 화면에 보기

○ ○ ○ ○ ○ ○   ○ ○년 ○ ○월 ○ ○일
                                                            ○ ○부 ○ ○

회의록

1.목적

2. 현재 상태

3. 과제

4. 대책

5. 비고

Form,
생각을 정리하는 쉬운 방법

모든 일에는 매뉴얼이 있습니다. 국가 위기 상황에도 매뉴얼이 존재하고, 직장 생활에서도, 거래처 상담 및 고객 클레임을 대처하는 방법도 매뉴얼이 있습니다.

일을 잘하는 사람이 되기 위해선 무엇보다 매뉴얼을 다른 사람들보다 잘 숙지해야 합니다. 매뉴얼을 파악하고 있으므로 일의 전망이 쉽게 서고, 다음 순서에는 무엇을 하면 좋을지 알고 있으므로 일이 순조롭게 진행됩니다. 사전에 매뉴얼을 잘 파악하고 있으면 힘을 쏟아야 하는 부분을 알고 있으므로 쓸데없는 데 에너지를 낭비하지 않고 효율성 있게 업무를 처리할 수 있습니다.

글쓰기에도 이런 매뉴얼이 있을까요? 다행히 존재합니다. 바로 '한 페이지 쓰기 폼(Form)'입니다. 이 한 페이지에는 글을 쓰는 목적, 근거, 대안 제시 등이 적혀 있습니다. 먼저 Form을 만들고 채워 나가면 한 페이지 쓰기가 한결 수월해 집니다.

이 한 페이지 쓰기 Form은 회사 기획서, 보고서 등을 쓸 때도 그대로 적용 가능합니다. 생각한 결과를 미리 준비한 각 Form에 넣기만 하면 되기 때문에 문서 작성 시간도 현저히 단축됩니다.

한 페이지 쓰기는 작은 Form의 집합체입니다. 여기에 주제에 따라 머릿속에 검색된 키워드를 적습니다. 이렇게 Form을 만들면 거기에 의식이 집중되고 칸을 메우려고 생각이 움직이게 됩니다.

Form을 만드는 방법은 간단합니다. 다음처럼 8개의 칸으로 이뤄진 Form으로 해도 되고, 내용에 따라 4개나 16개도 상관없습니다.

주제			

이렇게 Form이 완성되면 왼쪽 맨 위 칸부터 주제를 적습니다. 예를 들어 '휴일 점심 메뉴'가 주제라고 합시다. 먼저 왼쪽 위의 칸에 휴일 점심 메뉴라고 씁니다. 주제를 적은 다음에는 머리에 떠오른 키워드를 적

어 빈칸을 채워 나갑니다. 원칙적으로 하나의 Form 안에 적는 키워드는 하나입니다. 이렇게 칸을 채우면 다음과 같은 Form이 만들어집니다.

휴일 점심 메뉴	김치볶음밥	짬뽕	칼국수
생선구이 정식	라면	햄버거	비빔밥

이제 다음 단계인 생각을 요약하는 과정입니다. "그럼, 뭘 먹지?"라고 스스로 질문해 봅시다.

Form 안에 적힌 키워드를 보면서 생각이 작동하기 시작합니다. "오늘은 느끼한 음식은 별로야." "면이나 빵도 싫군." 이 상태에서 느끼한 음식, 면이나 빵의 키워드에 X 표시를 합니다. 마찬가지로 어제 먹었던 생선구이 정식에도 X 표시를 합니다. 결과적으로 남은 것은 비빔밥 하나입니다.

휴일 점심 메뉴	김치볶음밥	짬뽕	칼국수
생선구이 정식	라면	햄버거	비빔밥

바로 이것이 생각을 요약하는 과정입니다. 먼저 Form을 만들고, 그 안에 머릿속 정보를 정리합니다. 이어서 적은 정보에 대해 질문을 던집니다. 직접 적었기 때문에 머릿속 뒤죽박죽된 정보가 정리되고, 보면서 하므로 생각이 달아나지 않아 집중됩니다. 따라서 자연스럽게 답을 쉽게 끌어낼 수 있습니다.

한 페이지 쓰기의 법칙

문서를 작성하는 목적과
전달 상대

출판사 편집자를 상대로 새로운 출간 기획에 관한 보고서를 작성하려고 합니다. 이때 먼저 생각해야 할 것은 '왜 이 출간기획서를 작성하는가?'(작성 목적)입니다. 더불어 '자료를 읽는 사람은 누구인가?'(전달 상대)를 명확히 해야 합니다.

작성 목적	새로운 출간 기획 내용을 설명하고, 기획안대로 진행해도 된다는 결재를 받는 것
전달 상대	출판사 편집자

문서를 작성하는 목적과 전달 상대가 정해졌으면, 그다음은 '출간기획서를 보고 편집자가 무엇을 질문할 것인가?'를 예상해보는 것입니다. 이때도 Form을 만들어 사용하면 효과적입니다.

다음처럼 주제(편집자가 궁금해할 것 같은 질문은?)부터 왼쪽 위 칸에 적습니다. 그리고 이에 대한 답을 나머지 칸에 적습니다. 이 단계에서는 너무 깊이 생각하지 말고 생각나는 대로 계속 쓰는 게 중요합니다.

편집자가 궁금해 할 것 같은 질문은?	콘텐츠는?	왜 우리 출판사에서 제작해야 하나?	왜 지금 이 책을?
책의 타깃층은?	경쟁 도서와 차이는?	경쟁 출판사는?	이 책의 장점은?

이렇게 적은 질문 중에 '편집자가 가장 알고 싶어 하는 질문은 무엇일까?'를 유추해봅시다. 콘텐츠 내용을 중시하는 사람, 예산을 가장 신경 쓰는 사람 등 질문 방식에도 편집자마다 개성이나 관심사가 다른 법입니다. 만약 편집자가 가장 알고 싶어 하는 정보가 '이 책의 장점은?'이라고 가정합시다. 이렇게 가장 궁금해할 것 같은 질문이 확정되면, 그 질문에 대해 다시 다음처럼 Form을 사용해 답을 적습니다.

이 책의 장점은?	적당한 분량	이해하기 쉽다	합리적 가격
10대부터 봐도 된다.	책 한 권에 세금의 모든 것을 담았다.	충분한 사례	비세무사가 써 오히려 더 눈에 띈다.

위 Form처럼 가장 대답으로 어울리는 것을 골라 다시 표시합니다.

이제 다음처럼 한 줄로 정리만 하면 됩니다.

'충분한 사례를 들어 설명해 10대가 봐도 이해하기 쉬운 책이다.'

- 생각을 정리하는 방법

  Form을 만들기 → 주제와 키워드 적기 → 중요한 부분은 별도 표시 →

  한 줄로 요약 및 정리

'WH Form',
한 페이지 쓰기 기본 구조

이제 우리는 '폼(Form)'이라는 기본적인 구조를 사용하면 정보를 정리하고 생각을 요약하기가 쉽다는 사실을 알았습니다. 여기서 한 걸음 더 나아가 논리적으로 이해하기 쉽게 전달하는 데 중점을 둔 'WH Form'이라는 새로운 Form으로 쉽게 한 페이지를 써보겠습니다.

전달력을 높이는 'WH Form'은 잘 배워두면 요긴하게 쓰입니다. 'WH Form'이란 칸의 숫자가 14개인 Form을 응용한 형태입니다. 여기에는 '한 문장으로 정리하면'이라는 문장(주제)과 '세 가지 질문'이 있습니다. 다음과 같습니다.

한 페이지 쓰기의 법칙

한 문장으로 정리하면?			
질문 1.			
질문 2			
질문 3.			

우리가 궁금할 때 대부분 What(무엇), Why(왜), How(어떻게)라는 세 가지 형태로 질문합니다. 예를 들어 취업 면접에서도 "본인 장점은 무엇이라고 생각하나요?", "왜, 지원했나요?", "취업 후 어떻게 되고 싶나요?" 등으로 묻는 경우가 많습니다. 이것도 역시 What, Why, How로 대응이 됩니다. 미리 이 세 가지 유형의 질문을 상정해 그에 대한 모범답안을 준비해두면 상대가 알고 싶거나 듣고 싶은 것에 대해 명확하게 설명할 수 있습니다.

What, Why, How의 순서는 상황에 맞춰 유연하게 바꿔도 상관없습니다. 생각한다는 건 질문하고 답하기를 반복하는 행위입니다. 의문이 떠오르고 그에 대한 답을 찾으면 그 답이 또 새로운 의문을 만듭니다.

가령 신상품 기획에 관한 프레젠테이션 문서라면 우선 '이 상품의 장점은 무엇인가?'라는 질문을 쓰고 그 답을 적습니다. 그러면 적어놓은 답을 보고 '왜 이것을 장점이라 할 수 있는가?'라는 새로운 의문이 생겨납니다. 따라서 'What? → Why? → How?'처럼 생각할 순서를 미리 정해버리면 질문을 잘 떠올릴 수 없습니다. 그러므로 주제에 맞춰 순서를 유연하게 바꿔가면서 생각하면 좋습니다.

그럼 WH Form을 활용해 신규 기획 프레젠테이션 자료를 만들어 봅시다. 의류 회사에 근무 중인 직장인 A씨가 신상품 기획에 대해 프레젠테이션을 한다고 가정합시다. 자료를 읽는 사람과 목적을 정하고 순서는 다음과 같습니다.

- 전달 상대: 직장 상사와 임원
- 전달 목적: 신상품 기획 내용을 설명하고, 기획 진행 결재받기

WH Form 만들기 → '한 문장으로 정리하면?'이라고 쓰고 주제 생각하기 → 질문 1, 질문 2, 질문 3을 적고, 각각에 대응하는 키워드 쓰기

이 경우 직장 상사의 예상 질문은 다음과 같은 것들이 있을 것입니다.

한 페이지 쓰기의 법칙

- 질문 1: 이 상품의 장점은 무엇인가? (What)

- 질문 2: 왜 이것을 장점이라고 생각하는가? (Why)

- 질문 3: 어떻게 팔 것인가? (How)

이제 각각 빈칸에 키워드를 채우고 WH Form을 완성하면 다음과 같습니다. (참고로 키워드는 최대 세 개까지라는 의미입니다. 상황에 따라 두 개가 되거나 한 개가 되어도 상관없습니다.)

한 문장으로 정리하면?	○○신상품 기획과 런칭 프로모션		
질문 1. 이 상품의 장점은 무엇인가?			
질문 2. 왜 이것을 장점이라고 생각하는가?			
질문 3. 어떻게 팔 것인가?			

한 페이지 자기소개서 쓰기

'WH Form'을 이용해 자기소개서를 한번 작성해 봅시다. 먼저 '한 문장으로 정리하면?' 칸부터 채웁니다. 이 경우 '제가 하는 일을 한 문장으로 정리하면 무엇이 되는가?'를 생각하면 됩니다. 저는 "콘텐츠 크리에이터다"가 됩니다.

이어서 질문 1, 질문 2, 질문에 대응하는 질문을 적습니다. 상대가 궁금할 것 같은 질문을 예상해 적어봅니다. 상대가 궁금할 것 같은 질문을 예상해 적어봅니다. 이때 적당한 질문이 잘 떠오르지 않으면 What, Why, How, 이 세 가지에 대입하면 됩니다. 다음과 같습니다.

- 질문 1: 어떤 콘텐츠를 발행하나? = What
- 질문 2: 왜 이 일을 선택했나? = Why
- 질문 3: 돈은 어떻게 벌고 있나? = How

각각의 질문에 대한 답을 WH Form 해당하는 칸에 적습니다. 각각의
질문에 대해 우선 답을 세 가지씩 찾아봅시다.

다음처럼 칸이 다 채워지면 완성된 것입니다. 이제 이를 토대로 설명
만 하면 됩니다.

한 문장으로 정리하면?	나는 콘텐츠 크리에이터다.		
질문 1. 어떤 콘텐츠를 주로 발행하나?	글쓰기, 책 쓰기	세금, 회계	콘텐츠 기획
질문 2. 왜 이 일을 선택했나?	기록하는 것을 좋 아해서	자유로운 일의 형 태	내가 좋아하는 일 만 할 수 있어서
질문 3. 돈은 어떻게 벌고 있나?	출간	강의	코칭

이렇게 만든 'WH Form'에 조금만 살을 붙이면 다음과 같은 자기소
개서가 만들어집니다.

제가 하는 일을 한 문장으로 정리하면 콘텐츠 크리에이터입니다.
콘텐츠를 기획하고 발행합니다. '택스코디의 아는 만큼 돈 버는 세
금 이야기', '잡빌더 로울 콘텐츠 크리에이터를 기획하다', 이 두 개
의 블로그를 운영합니다. 각각의 블로그에 세금과 회계상식, 글쓰기

와 책 쓰기 기술이란 주제로 콘텐츠를 발행합니다.

왜 콘텐츠 크리에이터를 선택했을까요? 결론부터 말하자면 그만한 가치가 있기 때문입니다. 하지 않아도 될 수만 가지 이유가 있지만, 해야 하는 이유 딱 한 가지, 그리고 그것이 진짜 내가 원하는 일일 때 그 한 가지가 수만 가지를 이깁니다.

제가 이 업의 형태를 선택한 가장 큰 이유는 자유가 있는 삶을 원했기 때문입니다. 바로 선택에 대한 자유입니다. 수없이 많은 고충이 있지만, 내가 좋아하는 일을 선택하고, 내가 원하는 장소를 선택하고, 내가 원하는 시간을 선택하고, 함께 일할 사람들을 내가 선택할 수 있다는 자유, 이 자유에 대한 가치가 그 모든 단점을 상쇄시켰습니다.

저는 정말 다양한 일을 합니다. 콘텐츠를 제작할 땐 기획자가 되고, 글을 쓸 때는 작가가 됩니다. 관공서나 기업체에서 강의할 때는 강사가 되고, 코칭할 때는 컨설턴트가 됩니다. 내가 좋아하는 일들을 하나씩 하다 보니 다양한 역할이 생겨났습니다. 그리고 이 역할은 시간이 지날수록 가치가 높아지고 있습니다.

콘텐츠 크리에이터의 삶은 조직의 삶과는 다릅니다. 조직과 직책에 상관없이 내가 하고 싶은 일들을 마음껏 할 수 있고, 내가 낸 아이디어가 하나의 콘텐츠로 만들어지는 속도도 조직에 있을 때보다 비교할 수 없을 정도로 빨라 일을 하기가 매우 효율적입니다. 쓸데없는 결재라인은 사라지고, 가장 효율적인 방식으로 일을 할 수 있는 형태는 이 업이 가질 수 있는 특혜입니다. 하기 싫어하는 일을 억지로 할 필요가 없으며 내가 잘하는 영역에 집중해 나의 장점을 살리며 커리어를 쌓을 수 있다는 게 참 매력적이죠.

어떤가요? 논리정연하고 이해하기 쉽지 않은가요? 상대가 이해하기 쉽도록 What, Why, How의 순서는 자유롭게 바꿔도 상관없습니다. 이처럼 'WH Form'을 사용하면 누구든 쉽게 논리적으로 생각을 요약해 한 페이지 정도는 쉽게 쓸 수 있습니다.

한 페이지 보고서 쓰기

　자, 이제 한 페이지 쓰기 기술을 활용해 강연 보고서를 작성해 봅시다. 귀중한 시간과 돈을 투자해 세미나나 강연을 아무리 자주 다녀도 배운 내용을 제대로 기억하지 못하면 아무런 의미가 없습니다. 그렇지만, 잘 정리해두면 살아가는 데 큰 도움이 됩니다.

　이때도 'WH Form'을 사용해 세미나나 강연 내용을 한 장으로 잘 정리해놓으면 내용을 잊어버리지도 않고 중요한 내용을 언제든지 꺼내 쓸 수가 있습니다. 이제 만드는 순서는 기억하고 있죠? 다음과 같습니다.

'WH Form' 만들기
↓
'한 문장으로 정리하면? (주제)' 쓰기
↓
질문 1, 질문 2, 질문 3을 적고, 각각에 대응하는 키워드 쓰기

이 경우 예상 질문은 다음과 같은 것들이 있을 것 같습니다. (질문의 순서는 주제에 따라 유연하게 바꿔도 상관없습니다.)

- 질문 1: 왜 강의에 참석했나? (Why)
- 질문 2: 강의를 통해 무엇을 배웠나? (What)
- 질문 3: 배운 내용을 어떻게 활용할 것인가? (How)

이제 각각 빈칸에 키워드를 채우고 다음처럼 Form을 완성하면 됩니다. (참고로 키워드는 최대 세 개까지라는 의미입니다. 상황에 따라 두 개가 되거나 한 개가 되어도 상관없습니다.)

강의결과보고

한 문장으로 정리하면?	한 장 쓰기 기술을 배우고 활용하자.		
질문 1. 왜 강의에 참석했나?	글을 잘 쓰고 싶어서	요약정리가 힘들어서	프레젠테이션하는 게 서툴러서
질문 2. 강의를 통해 무엇을 배웠나?	키워드로 Form 만드는 방법	한 장으로 요약하는 방법	정보를 정리한 후 생각을 요약하는 법
질문 3. 배운 내용을 어떻게 활용할 것인가?	한 장 쓰기를 매일 실천한다.	WH Form으로 보고서를 만들어 본다.	다음 달 프레젠테이션 구성을 한 장으로 만든다.

이렇게 'WH Form'을 사용해 정리한 내용을 그대로 보고서 양식에 끼워 넣으면, 다음처럼 한 장의 보고서가 쉽게 완성됩니다.

〈강의 결과 보고서〉

[결과 보고] 한 장 쓰기 기술을 배우고 활용하자!

1. 요약

직장 생활 중 많이 사용하는 보고서 같은 문서를 종이 한 장으로 정리하는 기술을 배웠다.

2. 수강 목적

글을 잘 쓰고 싶어서
요약정리가 힘들어서
프레젠테이션이 서툴러서

3. 강의 핵심 내용

정보를 정리한 후 생각을 요약한다.
한 장으로 정리하는 것이 중요하다.
Form부터 만들고 키워드를 채우면 OK

4. 해야 할 일

한 장 쓰기를 매일 실천한다.
'WH Form'으로 보고서를 만들어 본다.
다음 달 프레젠테이션의 구성을 한 장으로 작성해 본다.

5. 비고

고쳐쓰기의 기술, 고칠수록 좋아진다.

소리 내어 읽어도 자연스러운가?

한 페이지 쓰기 기술에서 가장 중요한 점은 한 번에 완벽하게 쓰려고 하지 않는 것입니다. 일단 작성해놓고 마음에 들 때까지 몇 번이고 계속 고칠 것이기 때문입니다. 따라서 처음부터 완벽을 지향하려고 하지 말고, 일단 대강 써보는 게 중요합니다.

처음부터 '정리한다', 혹은 '생각을 요약한다'라는 행위는 쉬운 일이 아닙니다. 특히 일에 관한 것이나 익숙하지 않은 주제에 대해 생각하기 위해서는 많은 에너지가 필요합니다. 그래서 자신도 모르게 계속 미뤄집니다.

해야만 한다고 머리로만 알고 있어도 하고 싶지 않다는 마음이 더 커 첫걸음을 떼기가 여간 힘이 듭니다. 이럴 때는 우선 작은 동작부터 시작하는 것이 좋습니다.

예를 들어 집이 너무 더러워져 치워야지, 청소해야지 하고 생각하면서도 좀처럼 행동으로 옮기지 못할 때가 있습니다. 이럴 때는 우선 눈앞에 보이는 책상 위라도 깨끗이 해봅시다. 책상 위를 치우는 동작이 도화선이 되어 의욕이 생길 수가 있습니다. 다른 곳도 치워야지, 청소해야지 하는 의욕이 샘솟게 됩니다.

한 페이지 쓰기도 마찬가지입니다. 일단 노트북 전원부터 켜고 미리 만들어 둔 Form에 키워드 몇 개라도 적어보는 겁니다. 이렇게라도 손을 먼저 움직여보자는 겁니다. 어떤 한 장이라도 우선 종이 위에 쓱 긋는 작업부터 시작됩니다. 이 동작으로 머릿속 사고회로 스위치가 ON 방향으로 켜집니다. 일단 여기까지 왔다면 쓰는 것에 대한 저항감이 훨씬 줄어들어 있을 것입니다. 오히려 비어 있는 Form을 채우고 싶은 마음이 생길 것입니다. 이렇게 해서 '쓰는 게 귀찮아 → 남은 칸을 채우기만 하면 되는군'이라는 생각으로 자연스럽게 옮겨갈 수 있습니다.

이제 '고쳐쓰기 기술'을 배울 차례입니다. 첫 번째 '소리 내어 읽어보기 기술', 소리 내어 읽어보면, 눈으로 원고를 볼 때는 보이지 않았던 문장의 어색한 부분을 발견할 수 있습니다. 길게 늘어지는 문장을 어디서 끊어야 할지, 쉼표는 어디에 찍어야 할지 스스로 찾을 수 있습니다. 다음 글을 소리 내어 읽어 봅시다.

- 텔레비젼에 『타이타닉』이라는 영화가 상영되었다. 선배로부터 재미있

었다는 말을 들은 적이 있는 것 같다. 나는 내가 태어나기도 전에 만들어진 영화라는 것이 믿어지지 않을 만큼 놀라웠고 감동적이었다.

소리 내어 읽어보니 첫 문단부터 리듬이 끊깁니다. '-로부터'가 틀린 표현은 아니지만 어색한 번역 표현이라서 '-에게서'나 '-한테서'라고 고쳐 쓰면 좋습니다.

그다음 문장에서는 '내가'라고 썼기 때문에 굳이 '나는'이라고 주어를 또 쓸 필요가 없습니다. 고쳐쓰기 기술을 사용하면 다음과 같이 읽기가 훨씬 수월해 집니다.

- 텔레비전에 『타이타닉』이라는 영화가 상영되었다. 선배한테서 재미있었다는 말을 들은 적이 있는 것 같다. 내가 태어나기도 전에 만들어진 영화라는 것이 믿어지지 않을 만큼 놀라웠고 감동적이었다.

다시 다음 문장을 소리 내어 읽어 봅시다.

- 영화를 본 후 근처 공원을 산책을 갔는데 주인공이 마지막에 슬퍼하던 표정이 계속 떠올랐다.

소리 내어 읽어보니 '공원을 산책을'이라는 구절이 좀 어색하게 들립니다. '-을'이라는 발음이 반복되기 때문입니다. 뭔가 부자연스럽습니다. 이럴 때는 발음이 겹치지 않도록 '공원으로 산책을 갔는데'처럼 조사를 바꾸거나, 다음처럼 다른 단어로 바꿀 수 있으면 그렇게 하는 것이 좋습니다.

- 영화를 본 후 근처 공원을 걸었는데, 주인공이 마지막에 슬퍼하던 표정이 계속 떠올랐다.

한 페이지 쓰기의 법칙

품사와 문장성분을 구별하자

다음 두 문장에는 모두 '진짜'라는 말이 있습니다. 각각 품사와 문장성분을 구별해 봅시다.

1. 난 네가 진짜 좋아.
2. 내가 너를 좋아하는 마음은 진짜야.

1번 문장의 '진짜'는 부사어(문장성분)로 쓰인 부사(품사)이고, 2번 문장의 '진짜'는 서술어로 쓰인 명사입니다. 둘 다 어법에는 맞습니다. 그런데 '진짜'라는 단어가 제 역할을 하는 문장은 바로 2번입니다. 진짜라는 말은 애초에 명사이기 때문입니다. 반대말은 '가짜'입니다.

1번 문장에서 '진짜'를 빼고 읽어보면 문장 뜻이 거의 변하지 않습니다. 즉, 1번 문장의 '진짜'는 문장 안에서 맡은 역할이 거의 없습니다. 그런데 2번 문장에서 '진짜'를 빠뜨리면 문장의 뜻이 엉망이 됩니다.

문장에서 꼭 필요한 표현, 필수는 아닌데 쓸모 있는 표현, 별로 쓸모가 없는 표현, 쓰면 안 되는 잘못된 표현처럼 각각 쓰임새를 구별하다 보면 자연스럽게 문법 공부가 될 겁니다.

문장의 유기적 관계에 기여 하는가 그렇지 않은가를 살펴보면서, 도움이 되지 않는 쓸데없는 표현들은 쓰지 않으려고 노력해야 합니다.

'고쳐쓰기 기술'은 글을 더 자연스럽고 매끄럽게 만들기 위해 문장의 상호 보완적 관계, 전체 구조의 유기적 관계를 검토하는 과정입니다.

첫 단락에서 쓴 내용을 둘째 단락에서 또 쓰면 읽는 흥미가 떨어질 겁니다. 적절한 예가 들어가야 할 자리에 사례가 빠지면 글이 주는 힘은 조금 느슨해집니다. 충분한 근거가 제시되지 않았는데도 결론 부분에 '여하튼'이나 '어떻든'이 나온다면 글의 신뢰도는 떨어집니다.

Q - 품사와 문장성분에 대해 조금 구체적으로 설명해 주세요.

A - 먼저 한국어 문법은 단어의 종류를 다음 9가지 품사로 분류합니다.

예	소분류	대분류
잡빌더 로울, 작가, 강사	명사	
나, 우리, 이것, 저것	대명사	체언
하나, 둘, 첫째, 둘째	수사	

한 페이지 쓰기의 법칙

읽다, 쓰다	동사	용언
멋지다, 깔끔하다	형용사	
저, 한, 몇, 어느	관형사	수식언
아주, 그리고, 그래서	부사	
오, 아하	감탄사	독립언
이/가, 은/는, 을/를, 의, -이다	조사	관계언

우리가 쓰는 단어 중에서 비슷한 특징을 지닌 말들을 묶어서 9가지 소분류를 만들었고, 소분류 항목 중에서 또 비슷한 특징을 지닌 것들을 묶어 5가지 대분류를 만들었습니다.

아이가 말을 처음 배울 때 먼저 익히는 건 명사입니다. 엄마, 아빠, 빠빠, 등 그리고 동시에 이거, 저거 같은 대명사도 익히고 난 뒤 하나, 둘, 셋 같은 수사도 익히게 됩니다. 명사, 대명사, 수사는 문장에서 대부분 비슷한 역할을 합니다. 문법학자들은 이것들을 한데 묶어서 '체언'이라고 이름을 붙였습니다.

체언을 배운 다음 '좋아', '싫어' 같은 형용사나 '주세요' 같은 동사도 말합니다. 문법학자들은 문장에서 비슷한 역할을 하는 이 두 종류 말을 '용언'이라고 일컬었습니다.

의사 표현이 조금 다양해지면서 이(관형사), 많이(부사) 같은 뒷말의 뜻을 뚜렷하게 만드는 말도 합니다. 이런 말을 '수식언'이라 합니다.

또 어느 날 어린이집에서 '헐' 같은 감탄사를 배워 옵니다. '헐'이라고만 써도 완전한 문장이 되므로 이를 '독립언'이라고 부릅니다.

다섯 살 정도면 단어를 조합해서 그럴싸한 문장을 구사할 수 있습니다. 명사에 조사를 붙이는 방법과 어감의 차이를 자연스럽게 터득합니다. 조사는 단어와 단어 사이를 이어 준다고 하여 '관계언'이라고 부릅니다.

의존명사, 접사 같은 품사는 이 품사 분류에 빠졌습니다. 의존명사는 '것', '수'처럼 홀로 쓰이지 못하고 '내 것', '하는 수 없이'처럼 문장 안에서 반드시 앞에 자신을 꾸며 주는 말인 관형어가 필요한 품사로서 명사에 포함됩니다. 참고로 한국어 문법에서 접속사는 부사(접속부사)에 포함됩니다.

자, 이제 해당 품사가 문장 안에서 어떤 역할을 하는지부터 살펴봅시다. 어떤 품사가 문장 안에서 어떤 역할을 하는지 설명하는 용어가 '문장성분'입니다. 예를 들면, 명사는 문장 안에서 주로 주어나 목적어로 쓰입니다. 그렇지만 보어나 서술어로 쓰일 때도 있고 관형어나 부사어의 역할을 할 때도 있죠. 그럼 '잡빌더 로울'이라는 명사가 문장 안에서 어느 문장성분으로 쓰이는지 정리해 봅시다.

한 페이지 쓰기의 법칙

1. <u>잡빌더 로울</u>은 글쓰기 강사다. (주어)

2. <u>잡빌더 로울</u>을 닮아라. (목적어)

3. 저 사람은 <u>잡빌더 로울</u>이 아니다. (보어)

4. 그 글쓰기 강사의 이름은 <u>잡빌더 로울</u>이다. (서술어)

5. <u>잡빌더 로울</u>의 책을 읽어라. (관형어)

6. <u>잡빌더 로울</u>처럼 써라. (부사어)

7. <u>잡빌더 로울</u>, 책을 사랑하는 남자. (독립어)

1번 문장에서 명사 '잡빌더 로울'는 조사 '-은'을 만나서 주어가 되었습니다. '잡빌더 로울'이 주어가 아니라 '잡빌더 로울은'까지가 주어입니다.

2번 문장에서 명사 '잡빌더 로울'는 목적격 조사 '-을'을 만나서 목적어가 됩니다.

3번 문장에서 명사 '잡빌더 로울'는 보격 조사 '-이'를 만나서 보어가 됩니다.

4번 문장에서 명사 '잡빌더 로울'는 서술격 조사 '-이다'를 만나서 서술어로 쓰입니다.

5번 문장에서 명사 '잡빌더 로울'는 관형격 조사 '-의'를 만나서 관형어가 됩니다.

6번 문장에서 명사 '잡빌더 로울'는 부사격 조사 '-처럼'을 만나서 부사어가 됩니다.

7번 문장에서 명사 '잡빌더 로울'는 문장 안에서 홀로 제 역할을 하는 독립어로 쓰입니다.

관형사는 품사고, 관형어는 문장성분입니다. 물론 관형사가 문장 안에서 관형어로 쓰일 때가 가장 많지만, '자기 희생'처럼 '자기'라는 명사가 뒷말 '희생'을 꾸미는 관형어 역할을 할 때도 있습니다.

부사는 품사를 가리키지만, 부사어는 문장성분을 가리킵니다. 부사가 부사어로 쓰일 때가 가장 많지만, 부사가 아닌 품사들에 부사격 조사 '-처럼' 등이 첨가되어 부사어가 되기도 합니다.

맞춤법은 올바른가?

글은 쓰는 것만큼 수정하는 것이 중요합니다. 그런데 글을 쓰고 있을 때는 이게 문법에 맞는지, 논리에 맞는지, 이 얘기가 전체 흐름에 방해가 되는지 어떤지 잘 보이지 않습니다. 꼭 넣어야 하는 괜찮은 문장도 생각 안 나서 못 넣을 때도 있습니다. 그리고 솔직히 다 괜찮아 보입니다. 내 마음과 사고를 모두 기울여 만든 내 새끼 같아 단점이 잘 보이지 않습니다.

'숙성하기 기술'은 내가 쓴 글을 객관화하는 과정입니다. 한동안 눈에서 보이지 않으면 마음에서도 멀어지기 때문에 다시 볼 때는 어느 정도 남의 글을 보듯 대할 수 있습니다.

결론부터 말하자면, 몇 번씩 읽고. 또 수정하면 좋습니다. 고쳐쓰기는 쓸모없이 뚱뚱해진 문장의 건강한 다이어트입니다.

맞춤법이나 띄어쓰기가 엉망인 글을 읽으면 내용이 좋아도 선뜻 믿음이 가질 않습니다. 맞춤법은 문장의 맥락과 상관없이 단어에 해당하는 문제라서 따로 예문을 만들지 않고 자주 틀리는 단어들만 정리해 보았습니다.

틀린 표기	맞는 표기	해설
금새	금세	'금시(今時)에'가 줄어든 '금세'가 맞습니다.
어떻해	어떡해	• 어떡해: '어떻게 해'가 줄어든 말 • 어떻게: '어떻다'가 활용한 형태
내노라하는	내로라하는	'내로라하다'가 기본형입니다.
쉽상	십상	• 십상: '십상팔구(十常八九)'를 줄인 말, 열에 여덟이나 아홉 정도를 가리킵니다. '거의'라는 뜻입니다.
안 되요	안 돼요	• 돼요: '되어요'를 줄인 말
웬지	왠지	• 왠지: '왜인지'를 줄인 말
-이예요/ -이여요	-이에요/ -예요	'유미예요'처럼 받침이 없는 글자 뒤에는 '-예요'나 '-여요'가 오고, '수현이에요'처럼 받침이 있는 글자 뒤에는 '-이에요'나 '-이어요'가 붙습니다.
일부로	일부러	'굳이'라는 뜻을 가진 부사는 '일부러'입니다. '일부로'는 전체의 부분이라는 뜻을 표현할 때만 씁니다.
-할께요	-할게요	'께요'라는 어미는 없습니다. '-게요'라고 써야 합니다.
하마트면	하마터면	'하마트면'은 틀린 말입니다.
희안하다	희한하다	'희한(稀罕)'은 매우 드물다는 뜻을 가진 명사입니다.

Q - '-로서', '-로써' 같은 표현이 늘 헷갈립니다.

A- 표기도 올바르고 언뜻 비슷해 보이지만 상황에 따라 전혀 다른 뜻으로 쓰이는 말들이 있습니다. 다음과 같습니다. 헷갈리지 않게 잘 구별해 써야 합니다.

- −로서: 자격을 나타내는 부사격 조사 (예문 - 국회 의장으로서 한마디 하겠습니다.)
- −로써: 수단을 나타내는 부사격 조사 (예문 - 눈물로써 호소하는 방법은 그만둡시다.)

- 띠다: 지니다 (예문 - 붉은빛을 띤 꽃들)
- 띄다: 사이를 벌리다 (예문 - 책상의 간격을 충분히 띄어 놓자.)

- 맞추다: 들어맞게 견주다 (예문 - 깨진 조각을 맞추어 붙이다.)
- 맞히다: 적중시키다 (예문 - 사격을 해서 연속으로 10점을 맞혔다.)

- 바람: '바라다' 명사형 (예문 - 늘 당신이 행복하기를 바랍니다.)
- 바램: '바래다' 명사형 (예문 - 그 책은 오래되어서 종이 색이 바랬습니다.)

군더더기는 없는가?
퇴고 기준

군더더기가 없는, 간명한 알맹이만 있는 글은 읽기가 훨씬 수월합니다. 다음 글을 읽으며 군더더기를 찾아봅시다.

학교 행사 안내문을 보다가 반가운 문구를 발견했다. '5년 후 유망 직업: 21세기를 위한 진로 안내 특강'이라는 강의 제목에 이끌려 바로 신청했다. 강사는 ○○○라는 분이었다.

그런데 까맣게 잊고 있다가 강의 당일 특강 시간 10분 전에 특강 신청을 했다는 사실이 떠올랐다. 약 5분 정도 지나서 허겁지겁 강의실에 도착하니 박수를 치는 소리가 들렸다. 다행히 이제 막 시작했다. 강의 내용은 모두 도움이 되었다.

우리는 지금 몇 세기에 살고 있나? 그렇다. 21세기를 산다. 바야흐로 정보화 혁명의 시대다. 교통과 통신의 비약적인 발달과 SNS의 보급으로 지구촌은 점점 가까워지고 있다.

인공 지능 기술도 계속적으로 발전하고 있다. 기계가 점점 인간이 하던 일을 대신 맡을 것이다. 미래에 사라질 직업도 많을 것이다. 기자, 은행원, 계산원, 펀드 매니저, 변호사....

나 같은 경우는 개인적으로 외국어 번역을 좋아하는데, 번역가도 미래에는 사라질 것 같다고 해서 약간 실망감을 느꼈다.

어느 학생이 특강을 듣고 쓴 보고서입니다. 밑줄 친 부분이 바로 군더더기입니다. 예컨대 첫 문단에서 '5분 정도'라고 추측하는 표현을 썼으므로 앞에 '약'을 또 붙일 필요는 없습니다. 그리고 '박수(拍手)'는 '손뼉을 침'이란 말이므로 동어반복을 피하려면 '손뼉을 치는'이라고 고치거나 '박수 소리'라고만 쓰는 편이 좋습니다.

그런데 이 글은 밑줄 쳐진 부분 말고도 전체적으로 군더더기라 여겨질 부분이 많이 있습니다. 첫 문단은 강의 제목 소개 말고는 의미 없는 내용으로 채워져 있습니다. 이런 부분을 덜어내면 도입이 훨씬 산뜻해집니다.

그런 의미에서 둘째 문단 역시 마찬가지입니다. 누구나 아는 뻔한 내용입니다. 그리고 위 예시처럼 의미 없는 자문자답 식으로 쓰면 글의 흥미를 크게 떨어뜨리니 조심해야 합니다. 구체적인 사례를 들면 문제를 해결할 수 있습니다.

셋째 문단에서는 '계속'에 붙은 '-적으로'라는 말이 군더더기입니다. 글을 쓸 때 한자어 접미사 '-적'을 습관처럼 붙이곤 하는데, 빼도 지장이 없으면 다음처럼 빼는 게 좋습니다. 그러면 뜻이 더 뚜렷해 집니다.

- 공통적 특징→공통 특징
- 반복적 동작→반복 동작

마지막 문단에도 군더더기가 있습니다. '-같은 경우'는 '-과 비슷한 경우'라는 뜻입니다. 여기서는 잘못 썼습니다. '나는'이라고 쓰는 게 좋습니다. 또한, 자기 의견을 표현하고 있으므로 '개인적으로'처럼 불필요한 표현을 써야 할 이유가 없습니다. '실망감을 느꼈다' 같은 표현도 군더더기입니다. '실망' 자체가 감정인데, 그 뒤에 감정을 뜻하는 말인 '감'이 또 붙었기 때문입니다. '느꼈다'라고 또 쓴 것도 동어반복입니다. '실망했다' 정도면 충분합니다.

그럼 군더더기 없는 산뜻한 글로 다음과 같이 고쳐 봅시다. 덜어낸 곳은 구체적인 사례를 추가했습니다.

한 페이지 쓰기의 법칙

학교 행사로 ○○○강사가 진행한 '5년 후 유망 직업: 21세기를 위한 진로 안내 특강'을 들었다. 흥미로운 제목만큼이나 강의 내용도 도움이 되었다.

이미 우리는 SNS가 세계를 하나로 연결하고 언론 매체의 역할까지 하는 시대에 산다. 2023년 8월 7일 파키스탄에서 자폭 테러가 발생한 지 5분도 안 돼 트위터에 그 소식이 알려졌다.

AI(Artificial Intelligence)도 계속 발전한다. 인간이 하던 일을 점점 기계가 대신한다. 강사는 미래에 기자, 은행원, 계산원, 펀드 매니저, 변호사 같은 직업이 사라질 것이라고 예상했다.

나는 번역을 좋아한다. 그런데, 번역가도 미래에는 사라진다고 해 조금 실망했다. 그래도 시 번역 같은 미묘한 감정을 전달해야 하는 분야는 살아남지 않을까?

표현은 구체적인가?

고쳐쓰기 기술, '군더더기 삭제하기 → 구체적인 사례로 채우기' 기술이 해법이라고 했습니다. 이럴 때는 늘 구체적인 표현으로 바꿔야 합니다. 다음 글은 한 학생의 자기소개서 일부입니다.

저는 초등학교 시절 친한 친구들과 소모임을 하나 만들었습니다. 소설을 읽고 환경문제를 열심히 토론했던 적도 있습니다.

고등학교 입학 전까지는 취향이 비슷한 동아리 친구들과 함께 과학 다큐멘터리를 보고 토론하기를 즐겼습니다.

그리고 블로그를 운영하면서 직접 디지털 콘텐츠를 만들어 보았습니다.

한 페이지 쓰기의 법칙

이 자기소개서를 읽고 이 학생의 관심사가 생생하게 그려지나요? 그렇지 않다면 이제 좀 더 구체적으로 고쳐 봅시다.

먼저 초등학생 때 만든 소모임이 어떤 모임인지, 함께 읽은 소설이 무엇인지 구체적으로 적는 게 좋습니다. 그래야 의미도 부여할 수 있습니다.

- 저는 초등학교 시절 친한 친구들과 소모임을 하나 만들었습니다. 소설을 읽고 환경문제를 열심히 토론했던 적도 있습니다.

  → 저는 초등학교 6학년 때 친구들과 '책 먹는 우리'라는 독서 소모임을 만들었습니다. 판타지 소설 〈숲의 아이 윌라〉를 읽고 벌목꾼들이 너새니얼이 사는 숲을 파괴하고 자신의 이익을 챙기는 모습을 보며 지구 환경문제에 대해 열심히 토론한 적도 있습니다.

그리고 다큐멘터리 시청 경험 중에서 대표적인 사례를 하나쯤 소개하면 좋습니다.

- 고등학교 입학 전까지는 취향이 비슷한 동아리 친구들과 함께 과학 다큐멘터리를 보고 토론하기를 즐겼습니다.

  → 고등학생이 되기 전까지는 취향이 비슷한 동아리 친구들과 과학 다큐멘터리를 보고 토론을 했는데, BBC가 제작한 〈Planet Earth〉를 보며 생물 다양성이란 주제로 토론한 일이 무척 즐거웠습니다.

다음 문장에서도 역시 마찬가지로 어떤 블로그를 운영하는지 구체적으로 말하면 독자는 당신을 더 잘 이해할 수 있습니다. 다음과 같이 고쳐 봅시다.

- 그리고 블로그를 운영하면서 직접 디지털 콘텐츠를 만들어 보았습니다.
  → 디지털 콘텐츠 운영 방식을 익히려고 블로그를 개설해 국내외 과학 다큐멘터리를 보고 난 후 감상문을 써서 정리한 지 벌써 3년째입니다.

분야별 글쓰기 팁을 알아보자.

감상문 작성 팁

'연관성 찾기 기술', 이 기술을 익히면 독서 감상문을 더 풍부하게 작성하는 데 도움이 될 것입니다. 다양한 방법으로 주제 연관성을 궁리하면 글의 독창성이 커집니다. 다음 방법 중에서 하나를 골라 연습하면 좋습니다.

- 책 속 여러 장면 연관성 찾기
- 책과 저자가 살았던 시대의 연관성 찾기
- 책과 저자의 사상과 연관성 찾기
- 같은 저자와 다른 책과 연관성 찾기
- 다른 저자의 사상이나 책과 연관성 찾기
- 독자의 현재 상황과 연관성 찾기

주어진 분량에 따라 위에서 제시한 방법 중에서 하나를 택해도 좋고,

둘 이상을 선택해도 좋습니다. 비교 가능한 것들에서 연관성을 찾는 건 글에 독창성을 부여하는 좋은 방법입니다.

- 먼저 다음처럼 책 속 장면 연관성을 찾아봅시다.

아흔 살에도 아몬드 나무를 심고 있던 할아버지는 '얘야 나는 내가 죽지 않을 것처럼 행동한단다'라고 말합니다. 그 말을 들은 조르바는 "저는요, 매 순간 죽음을 생각하면서 행동하죠."라고 말합니다.

'죽지 않을 것처럼 사는 것' 또는 '죽지 않기 위해 사는 것', 그리고 '죽을 수도 있다고 생각하며 사는 것' 등 여러 가지 삶을 대하는 방식 중에 나는 어떤 삶을 선택할 것인가? 죽지 않는다면 너무 지루할 것 같습니다. 삶의 목적이 죽지 않기 위해서라는 것은 비참합니다. 삶은 무한하지 않고, 사람은 결국 죽습니다. 그래서 조르바는 '죽음을 생각하는 삶'을 선택합니다.

당장 내일 어떻게 될지 모르는데, 만나기 싫은 사람을 억지로 만날 필요가 없고, 하기 싫은 일을 억지로 할 필요도 없습니다. 언제든 이 삶이 끝날 수 있다고 생각하면 역설적으로 모든 것에서 자유롭게 됩니다.

- 내용의 연관성을 어느 정도 파악했다면, 작가가 어느 시대에 살았고 어떤 사상을 지녔는지, 다음처럼 파악해 보는 겁니다.

한 페이지 쓰기의 법칙

1946년에 출간한 〈그리스인 조르바〉의 저자 카잔차키스는 호메로스, 베르그송, 니체, 붓다에게서 사상적 영향을 깊게 받았다고 합니다. 메카니즘으로부터 자유로운 존재를 창출하려 한 앙리 베르그송, '신은 죽었다'고 선언하며 신의 자리를 대체하고 초인으로서 완성될 것을 주장한 니체를 접하면서 인간의 한계를 극복하려는 투쟁적 인간상을 주장했습니다. 인식의 주체인 나와 인식의 객체인 세계를 하나로 아울러 절대 자유를 누리자는 붓다의 사상이 소설 전반에 깔려있습니다. 이를 알고 읽으면 〈그리스인 조르바〉를 더 잘 이해할 수 있습니다.

- 그리고 해당 작품의 주제와 내용을 독자가 처한 상황과 연관 짓는 방법도 있습니다.

살아갈 날이 살아온 날보다 짧아진 중년이 되어 다시 읽은 〈그리스인 조르바〉는 또 다른 느낌으로 다가왔습니다.

이 모두를 종합하면 다음과 같은 글을 쓸 수 있습니다.

1946년에 출간한 〈그리스인 조르바〉의 저자 카잔차키스는 호메로스, 베르그송, 니체, 붓다에게서 사상적 영향을 깊게 받았다고 합니다. 메카니즘으로부터 자유로운 존재를 창출하려 한 앙리 베르그송, '신은 죽었다'고 선언하며 신의 자리를 대체하고 초인으로서 완성될 것을 주장한 니체를 접하면서 인간의 한계를 극복하려는 투쟁적 인간상을 주장했습니다. 인식의 주체인 나와 인식의 객체인 세계를 하나로 아울러 절대 자유를 누리자는 붓다의 사상이 소설 전반에 깔려있습니다. 이를 알고 읽으면 〈그리스인 조르바〉를 더 잘 이해할 수 있습니다.

아흔 살에도 아몬드 나무를 심고 있던 할아버지는 '얘야 나는 내가 죽지 않을 것처럼 행동한단다'라고 말합니다. 그 말을 들은 조르바는 "저는요, 매 순간 죽음을 생각하면서 행동하죠."라고 말합니다.

'죽지 않을 것처럼 사는 것' 또는 '죽지 않기 위해 사는 것', 그리고 '죽을 수도 있다고 생각하며 사는 것' 등 여러 가지 삶을 대하는 방식 중에 나는 어떤 삶을 선택할 것인가? 죽지 않는다면 너무 지루할 것 같습니다. 삶의 목적이 죽지 않기 위해서라는 것은 비참합니다. 삶은 무한하지 않고, 사람은 결국 죽습니다. 그래서 조르바는 '죽음을 생각하는 삶'을 선택합니다.

당장 내일 어떻게 될지 모르는데, 만나기 싫은 사람을 억지로 만날 필요가 없고, 하기 싫은 일을 억지로 할 필요도 없습니다. 언제든 이 삶이 끝날 수 있다고 생각하면 역설적으로 모든 것에서 자유롭게 됩니다.

한 페이지 쓰기의 법칙

살아갈 날이 살아온 날보다 짧아진 중년이 되어 다시 읽은 〈그리스인 조르바〉는 또 다른 느낌으로 다가왔습니다.

여기서 팁 하나! 줄거리를 소개해야 한다는 강박에서 벗어나야 합니다. 줄거리 소개는 독서 감상문의 필수 요소가 아닙니다. 굳이 줄거리를 다루고 싶다면 한두 문장 정도로만 간략하게 정리하는 것이 좋습니다. 당신이 써야 할 글은 '영화 소개문'이 아니라 '영화 감상문'이기 때문입니다.

독자도 해당 작품을 다 읽었다고 간주하고 글을 시작하면 좋습니다. 그래야 더 참신하고 흥미로운 내용으로 곧장 들어갈 수 있습니다.

참고로 영화 감상문을 쓸 때도 독서 감상문 작성 요령과 대부분 일치합니다. '연관성 찾기 기술'을 쓰면 됩니다. 주제를 잘 드러내는 몇 장면과 대사 몇 개를 뽑아 개연성 있게 배열하는 것만으로도 괜찮은 감상문 한 편을 쓸 수 있습니다.

기행문 작성 팁

기행문은 적을 기(紀), 다닐 행(行), 글 문(文)이 합쳐진 말로 여행하면서 보고, 듣고, 느끼고 겪은 것을 적은 글을 말합니다. 기행문은 체험 활동 보고문의 일종입니다. 여행이라는 특별한 체험 활동을 다룬다는 점에서 그렇습니다. 글쓰기 방법도 체험 활동 보고문 작성 요령과 거의 비슷합니다.

여행을 주제로 SNS 글쓰기를 하는 부분은 특히 주목합시다. 기행문은 형식에 구애받지 않고 주관적으로 자유롭게 쓸 수 있다는 점에서 수필의 성격도 띕니다.

기행문은 자유 주제로 글을 쓰는 경우와 특정 주제로 글을 쓰는 경우, 두 종류로 구분할 수 있습니다. 자유 주제에 해당하는 기행문은 여행을 다녀온 다음 마음이 흘러가는 대로 쓰는 경우입니다. 특정 주제로 쓰는 기행문은 우리가 흔히 '테마 여행기'라고 부르는 것입니다.

한 페이지 쓰기의 법칙

그리고 기행문에는 '여정, 견문, 감상'이 들어갑니다. 다시 말해 여행 경로, 기록, 느낀 점이죠. 수학여행처럼 여정이 정해져 있다면 관찰 기록 중에 글에 넣을 만한 재료를 선별하는 것이 중요하고, 자유 여행이라면 어떤 장소에 들를지 독창적으로 일정을 짜는 것이 더 중요합니다.

Q - 기행문도 잘 쓰는 방법이 있나요?

A - 기행문 역시 '구체적으로 쓰기 기술'을 쓰면 좋습니다. 독창적이고 설득력 높은 기행문을 쓰려면 범주를 뚜렷하고 구체적으로 정해야 합니다. 구체성이 떨어지면 다른 글과 아무 차별성도 없는 평범한 문장으로 기행문을 채우게 됩니다.

다음은 '고래 박물관'을 다녀온 어느 학생의 기행문 일부입니다.

"이번 여행의 마지막 일정은 고래 박물관이었다. 해설사님께서 우리를 맞이해 주셨다. 고래에 관해 잘 설명해주셨다. 미리 공부해 와서 그런지 생각보다 귀에 잘 들어왔다. 옛날 어부들의 힘겨웠던 삶을 해설사님께서 말씀해주셨는데, 알지 못했던 부분까지 설명해주셔서 좋았다."

이 글에는 구체적인 정보가 하나도 없습니다. 어떻게 고쳐야 할지 감이 오나요? 자료를 좀 더 조사하여 두루뭉술하게 표현했던 구절들을 구체적으로 고쳐 봅시다.

"철새 홍보관을 시작으로 울산 남구 테마기행의 마지막 목적지는 국내 유일의 고래 박물관이었다. 옛 고래잡이 전진기지였던 장생포 고래 박물관에 들어서자, 해설사님이 우리를 맞이해 주었다. 해설사님은 고래의 생애를 간략히 설명해 준 다음, 1986년 포경이 금지되기 전 어부들이 힘겹게 고래를 잡아 터전을 꾸린 이야기를 들려주었다. 미리 자료를 조사한 덕분인지 귀에 더 쏙쏙 들어왔다."

어떤가요? 구체적인 정보가 들어가니 글도 흥미로워졌습니다. 똑같은 장소에 가서 비슷한 것을 보고 비슷한 이야기를 듣더라도 구체적으로 살펴보려는 태도를 지니면 남들이 보지 못하는 것을 볼 수 있습니다. 그리고 그건 기행문의 독창적인 글감이 됩니다.

여기서 팁 하나! 기행문은 시간 순서대로 여정을 쭉 나열해서 쓰는 것보다 여행의 테마가 명확한 기행문이 더 좋습니다. SNS에서 유행하는 감성 여행, 먹방 여행처럼 테마가 명확하면 독자들의 흥미를 끌 수 있습니다.

한 페이지 쓰기의 법칙

논술문 작성 팁

논술문은 자기주장을 논리적으로 펼치는 글입니다. 언론 매체에 자주 실리는 칼럼도 논술문의 일종이죠.

형식적인 구성도 중요하지만, 논술문 쓰기에서 더 중요한 것은 전달하고자 하는 내용과 관점입니다. 뚜렷한 주장과 풍부한 근거가 있다면 형식은 조금 어설퍼도 상관없습니다.

Q - 논술문 작성 시 주의할 점은요?

A - 귀납은 엄밀한 추론이 아니라 단지 일반화하는 방법일 뿐이라서 사례가 충분해야 비로소 설득력이 생깁니다. '아마도 이러할 것이다' 하고 결론을 짓는 것이기 때문입니다.

겨우 학생 10명을 대상으로 조사하여 규칙적인 식사를 한 학생이 그렇지 않은 학생보다 학업 성취도가 높다는 결론을 내린들, 억지에 가깝습니다. 그렇지만 조사 대상을 100명으로, 1,000명으로 늘리면 그만큼 주장의 타당성도 커지게 됩니다. 이처럼 근거가 충실할수록 주장의 설득력도 커지는 것이 '귀납 논증'입니다.

근거가 충분하지 않은데 무리하게 결론을 내리는 것을 '성급한 일반화' 오류라고 부릅니다. 성급한 일반화는 우리도 은연중에 자주 저지르는 오류입니다. 상대편의 말을 끝까지 안 듣고 다 이해한 것처럼 말을 가로채는 경우가 여기에 해당합니다.

Q - 논술문 쓸 때 쓰면 안 좋은 단어나 표현이 있나요?

A - '아무튼'과 '어쨌든' 같은 표현을 자주 쓰는 나쁜 습관도 그런 잘못을 부추깁니다. '누구나 그러하듯', '여러분도 다 아시겠지만' 같은 표현도 논술문에서는 되도록 안 쓰는 것이 좋습니다. 귀납적인 논리 전개를 깨뜨리기 때문입니다.

그리고 연역법은 첫째 문장이 중요합니다.

"인간은 죽는다. 소크라테스는 인간이다. 소크라테스는 죽는다."

이 논증은 참입니다. 인간은 누구나 죽는다는 분명한 사실에서 도출

한 페이지 쓰기의 법칙

한 것이기 때문입니다. 그러면 다음은 어떤가요?

"인간은 착하다. 잡빌더 로울은 인간이다. 잡빌더 로울은 착하다."

결론이 뭔가 어색합니다. 처음에 깔고 시작한 명제인 '인간은 착하다'가 증명 불가능한 것이기 때문입니다.

정리하면 논술문 같은 자기주장을 펼치는 글을 쓸 때는 논리가 중요합니다. 신빙성이 떨어지는 명제에서 논증을 시작하면 타당한 결론이 나오지 않습니다. 이런 잘못을 '대전제 오류'라고 부릅니다. 그래서 연역적으로 결론을 도출하려면 처음 출발점으로 삼는 전제를 튼튼하게 다져 놓아야 합니다.

상세페이지 작성 팁

주장과 근거를 빨리 파악하면 할수록 전체 내용은 더 이해하기 쉬워집니다. 그런데 알아듣기 쉬우면 다 되는 걸까요? 자신이 찬성하는 내용이라고 해서 상대가 움직여 줄까요? 그렇지 않습니다. 이해하는 것과 움직이는 것은 별개입니다.

물론 이야기가 논리적이지 않았다면 상대는 당신의 말을 애초에 이해하지도 못했을 것입니다. 그러나 논리적으로 이야기해 이해시키는 것만으로는 사람을 움직일 수는 없습니다.

Q - 그럼 논리적으로 잘 이해시킨 뒤, 한 걸음 더 나아가 상대를 움직이게 만들려면 어떻게 해야 하나요?

A - 상대 머릿속에 이미지를 떠올리게 하면 됩니다.

사고 싶은 자전거의 상세페이지를 보고 구매를 망설이는 당신, 휴일 아침

집을 나와 상쾌한 기분으로 한강 변을 달리는 모습 같은 이미지가 머릿속에 떠오를 때 '이 자전거 꼭 사고 싶다'라는 마음이 생깁니다.

듣는 사람이 이미지를 떠오르게 하는 가장 좋은 방법은 듣는 사람의 머릿속에 이미지를 직접 그려주는 것입니다. 이미지를 직접 보여주는 방법은 말이나 글로만 설명하지 않고 사진이나 그림, 동영상을 적극적으로 활용하는 것입니다.

문제는 이런 직접적인 이미지가 없을 경우입니다. 이때는 듣는 사람이 이미지를 떠올리게 만들어야 합니다. '예를 들어'라고 말한 다음 구체적인 사례를 제시하면 됩니다. 다음을 봅시다.

"저는 제가 일하는 회사가 정말 좋습니다. 이유는 세 가지입니다. 첫 번째는 일하기 편한 직장이기 때문입니다. 두 번째는 함께 일하는 사람들이 훌륭하기 때문입니다. 그리고 세 번째는 업무가 보람 있기 때문입니다."

이것만 들어도 이해는 됩니다. 단, 이것만으로는 얼마나 일하기 편한지, 동료들이 얼마나 훌륭한지 잘 알 수 없습니다. 이미지가 떠오르지 않기 때문입니다. 그러므로 듣는 사람이 이미지를 떠올릴 수 있도록, '예를 들어 ~입니다'라고 말하며 다음처럼 보충합시다.

첫 번째는 일하기 편한 직장이기 때문입니다.

→ 예를 들어, 우리 회사에서는 유연 근무 시간에 자유롭게 일하거나 원격 업무로 집에서 일할 수 있습니다.

두 번째는 함께 일하는 사람들이 훌륭하기 때문입니다.

→ 예를 들어, 우리 회사에서는 남을 비방하는 사람이 아무도 없습니다.

그리고 세 번째는 업무가 보람 있기 때문입니다.

→ 예를 들어, 우리 회사는 항상 신규 사업에 적극적이어서 도전할 기회가 많습니다.

이 정도면 상당히 구체적으로 설명한 것입니다. (여기서 '예를 들어'라는 말은 꼭 필요한 것은 아니니 문맥상 필요하면 넣고 아니면 생략해도 됩니다.)

구체적으로 설명하면 듣는 사람은 이미지를 떠올리기가 쉽습니다. 그냥 '일하기 편하다'라고 말하는 거보다 예를 드는 설명이 들어가면 '아, 일하기 편하다는 건 시간이나 장소를 자유롭게 사용할 수 있다는 뜻이구나'라고 알아듣습니다. 그러면 듣는 사람은 말하는 사람이 화자가 유연 근무제를 활용하여 자유롭게 출퇴근하는 모습이나 원격 업무로 사무실이 아닌 곳에서 일하는 모습을 상상할 것입니다.

이메일 작성 팁

이메일을 쓰는 빈도는 예전보다 부쩍 낮아졌지만, 특히 공적인 업무에서 이메일은 여전히 사용되고 있습니다.

이메일 쓰기 기술을 잘 익혀 두면 일을 더 매끄럽게 처리할 수 있습니다. 이메일은 수신자가 확실히 정해져 있다는 점에서 일반적인 인터넷 글쓰기와는 차이가 있습니다. 이메일을 쓰는 목적은 오류 없이 글을 마무리하는 것이 아니라 용건을 제대로 전달하는 것이므로 이메일을 쓸 때는 글을 마무리한다는 목적보다 용건 전달이라는 실용적인 목적이 더 중요합니다. 따라서 이메일 제목, 단어 선택, 문장부호, 이모티콘, 첨부 파일 등 모든 요소가 목적에 잘 부합해야 합니다.

Q - 이메일을 쓸 때 주의사항은 어떤 게 있나요?

A - 이메일을 쓸 때 제일 주의해야 할 사항은 '수신자 설정'입니다. 한 사람

에게만 보낼 때는 상관없지만, 여러 사람에게 동시에 보내야 할 때는 수신자 설정에도 기술이 필요합니다.

단체 안부 문자를 받으면 대개 쓱 한번 보고 지우곤 합니다. 자기에게만 보낸 것이 아니므로 구체적으로 도움이 될 만한 내용이 없고, 답장을 꼭 보내지 않아도 되기 때문입니다.

이메일도 마찬가지입니다. 여러 사람에게 동시에 보내기보다는 수신자를 뚜렷하게 정하는 것이 필요합니다.

입시에 도움을 얻으려고 주변 친구들과 지인들 10명에게 이메일을 보냈다고 합시다. 그러면 회신이 올까요? 아마도 그 확률은 매우 낮을 겁니다. 그러면 한 사람만 정해서 이메일을 보내면 어떨까요? 답장이 올 확률이 높아집니다.

이런 실험을 실제 일본 학자가 했습니다. 수신자가 1명에서 2명으로 늘어나면 답장을 받을 확률이 4분의 1로 떨어졌습니다. 3명이면 9분의 1로 떨어지고, 4명이 되면 16분의 1로 떨어졌습니다.

누가 읽을지 분명해지면 그에 맞춰 의견이나 주장, 질문이나 근거도 선명해지므로 수신자는 되도록 한 사람으로 정하는 편이 좋습니다. 여러 사람을 염두에 두고 쓸 때보다는 한 사람만 떠올리면서 쓸 때 목적이 분명해져 더 좋은 글이 나오기 때문입니다.

이메일 본문 작성도 다른 글과 마찬가지로 판단 근거가 많을수록 좋습니다. 용건을 잘 전달하려면 읽는 사람이 잘 판단할 수 있도록 글쓴이의 현재 상황을 정확하게 알리는 것이 중요합니다. 뭔가 물어보거나 요청할 때는 자기가 알고 있는 정보라든가 자기 상태를 먼저 밝히는 것이 좋습니다. 다음 두 문장을 비교해 봅시다.

- 방학 때 읽을 만한 책 좀 추천해 주세요. (좋지 않은 질문)
  → 카잔차키스의 〈그리스인 조르바〉와 〈오디세이아〉를 재미있게 읽었습니다. 방학 때 더 읽을 만할 책을 추천해 주세요. (좋은 질문)

여기에도 '구체적으로 쓰기 기술'이 적용되었습니다. 질문도 구체적이어야 합니다. 그래야 수신자가 답을 하기도 수월합니다. 이메일 하나를 보낼 때도 되도록 감정과 상황을 구체적으로 표현하면 원하는 답을 얻을 확률이 커집니다.

요즘에는 업무 메일에도 웃음 표정(ᄊ) 이모티콘을 자연스럽게 사용합니다. 이메일로는 서로의 표정을 알 수 없으니 이모티콘이라도 덧붙여서 기분을 나타내고 싶기 때문입니다. 웃음 표정이 없을 때보다 있을 때 더 인간미가 느껴지고 업무 메일이 더 가깝게 다가오기 마련이죠.
그런데 이러한 이모티콘을 쓰기 어려울 때도 있습니다. 때에 따라서 웃음 표정이 무례하게 느껴질 수도 있기 때문입니다. 이럴 때는 '라포(공감) 토크'를 활용하면 좋습니다. 일본 사회언어학자 '아즈마 쇼지'가

고안한 개념입니다.

　A 씨에게 '내일 오전 10시에 호텔 커피숍에서 만나자'라는 이메일을 보내야 하는 상황이라고 가정합시다. 그가 오늘 만났을 때 '호텔 침대가 너무 꺼져서 불편했다'라고 했던 말을 떠올려 다음처럼 메일을 쓰는 것입니다.

　"내일 10시에 호텔 내 커피숍에서 뵙겠습니다. 오늘은 침구가 포근하다면 좋을 텐데 말입니다. 안녕히 주무세요."

　여기서 밑줄 친 부문이 바로 라포 토크입니다. 감정을 나타내는 이모티콘을 쓰지 않았는데도, 이모티콘을 사용했을 때보다 글에서 더 따뜻한 감정이 느껴집니다.

　　　　　　　　　　　　　　한 페이지 쓰기의 법칙

자기소개서 작성 팁

Q - 평범한 자기소개서는 별론데, 자기소개서를 잘 쓰는 팁은 뭐가 있나요?

A - 자기소개서는 현재 자기 모습과 미래의 포부를 적는 문서가 아닙니다. 과거의 일과 경험 목록을 주제 연관성에 맞춰 조리 있게 간추린 보고문입니다. 다시 말해 당신이 어떤 사람이 되고 싶은지 말하기보다, 어떤 사람이었는지 표현하는 일이 더 중요합니다. 어떤 사람이었는지 말할 때는 판단보다는 근거를 내세워야 합니다. 다음을 봅시다.

판단	근거
중국말을 잘해서 중국인과 대화하는 데 두려움이 없습니다.	부산 국제영화제에서 7일간 중국어 통역 자원봉사자로 활동했다.

어느 쪽이 중국어 실력을 더 잘 입증하고 있나요? 제가 만약 입학사

정관이라면 오른쪽 학생을 더 관심 있게 볼 거 같습니다.

판단 근거를 구체적으로 보여주기, 이 원칙을 기억하며 자기소개서를 작성하면 좋습니다.

다음은 자기소개서를 작성할 때 알아두면 좋은 팁과 주의사항을 적어둔 표입니다.

지원 동기	자기소개서 인상을 결정하는 중요한 항목이다. 지원하려는 학과의 중점 연구 분야를 미리 조사해 머릿속에 답변을 정리해두면 효과적이다. 해당 학과 홈페이지만 잘 살펴도 기본적인 정보는 다 얻을 수 있다.
진로 계획	막연히 '~이 되고 싶다'라고 말하기보다 '~을 하고 싶다'라고 표현하는 게 좋다. 희망 직업부터 불쑥 말하는 게 아니라, 어떤 목적으로 어떤 것을 하고 싶은지 말하고, 그다음으로 하고 싶은 것을 이루는 단계별 목표로서 직업도 이야기하고 연구 분야도 말하는 게 올바른 순서다.
장단점	여기서 장점은 '잘하고 싶은' 것이 아니라 '잘하는' 것이다. 학생들의 평균보다 잘한다고 여기는 점을 말하면 되는데 사례를 하나 이상 들면 좋다. 여기서 단점은 콤플렉스나 나쁜 성격이 아니라 '부족한' 점을 말한다. 잘하고 싶어서 노력하는데 잘 안 되는 것을 솔직히 말하면 된다. 개선하려는 노력까지 꼭 덧붙이는 게 좋다.
특기 능력	'특기 능력' 칸은 자격증이나 수상 경력을 나열하는 곳이 아니다. 특기 능력이란 장단점의 연장인데, 이렇게 별도 항목으로 묻기도 한다. 장점 중 특별하게 잘하는 일이 있다면 이 항목에 다시 언급해도 좋다. 단, 더 구체적인 사례를 들어야 한다.
학업 능력	내신 성적을 자랑하는 칸이 아니다. 평소 공부 습관 또는 공부법 같은 것을 적으면 좋다. 학생이 어떤 식으로 공부해 왔는지 보면 앞으로 대학에서 어떻게 할지 가늠할 수 있으므로, 평가자는 면접 때도 이 항목을 다시 묻는다.

한 페이지 쓰기의 법칙

준비 과정과 노력	삶의 목적을 정하고, 단계별 목표를 이루기 위해 얼마나 오래 성실히 노력했는지 검증하는 항목이다. 참고로 이 항목에 들어갈 것 중, 시간을 이기는 건 아무것도 없다.
교내 외 활동	동아리 활동을 말해도 상관없지만, 어떤 동아리에 들어갔는지 궁금해서 묻는 게 아니라는 점은 알아두자. 이 항목의 목적은 인간관계와 협업 능력을 확인하는 것이다. 요즘 연구는 대부분 협업으로 이루어진다. 따라서 동아리 이야기를 하더라도 협업이 두드러지게 말하는 것이 좋다.
어려움 극복 사례	사는 모습이 비슷해서 학생들이 마주하는 어려움도 대체로 비슷하다. 그렇지만 극복 방법은 저마다 다르다. 어려움을 극복하는 건 결국 자기 의지에 달려 있다. 그 의지는 가치관에서 나오기 때문에 이 항목 역시 묻고 있는 건 가치관, 즉 선택의 순간에서 판단 기준이 뭔지 물어보는 셈이다. 두드러지는 한 가지 극복 사례를 구체적으로 쓰면 좋다. 당신의 의지를 문장의 주어로 삼으면 더 좋다.
읽은 책	겉으로 보면 학생에게 영향을 많이 끼친 책을 묻는 항목인데, 속을 들여다보면 실제 알고자 하는 건 책이 아니라 그런 책들을 선택한 학생의 안목과 가치관이다. 아무리 좋은 고전을 읽었다 해도 안목이나 가치관과 무관하면 겉멋일 뿐이고, 최근 소설을 읽었다 해도 안목과 가치관이 잘 반영되었다면 훌륭한 태도를 갖춘 학생으로 인정받을 것이다.
기타 (자유 서술)	면접관이 추가로 물어보고 싶은 마음이 들게 할 만한 이야깃거리를 준비하면 좋다. 독특한 취미 활동, 드문 체험담도 좋다. 주제 일기나 테마 여행 같은 것도 좋은 이야깃거리이니 사례를 간추려 두면 좋다.

대부분 자기소개서의 형식과 항목은 대부분 비슷하니 위 표를 참고해 작성하면 좋습니다.

하나 팁을 더하자면, 지원 동기 칸의 분량은 보통 1,000자 이내입니다. 다른 항목보다 할당된 분량은 훨씬 적기 때문에 쓸데없는 말은 모두 버리고 분량을 확보 해야 합니다.

　수많은 지원자의 글을 읽고 평가내리는 평가자는 우수한 자기소개서를 가리기에 앞서 기본이 안 된 글부터 탈락시킵니다. 제출자가 이름을 적지 않았다든지, 지원자가 학과명을 잘못 표기했다든지, 필수 기재 항목을 비워둔 채 제출했다든지, 분량 제약을 어겼다든지 하는 것들은 모두 불합격 사유로 충분하다는 점을 기억합시다.